Conversando com crianças sobre adoção

Conversando com crianças sobre adoção

Lilian de Almeida Guimarães

© 2008, 2010 Casapsi Livraria e Editora Ltda.
É proibida a reprodução total ou parcial desta publicação, para qualquer finalidade, sem autorização por escrito dos editores.

1ª Edição
2008

1ª Reimpressão
2010

Editores
Ingo Bernd Güntert e Christiane Gradvohl Colas

Assistente Editorial
Aparecida Ferraz da Silva

Capa
Ana Karina Rodrigues Caetano

Editoração Eletrônica
Ana Karina Rodrigues Caetano

Revisão
Flavia Okumura Bortolon

Dados Internacionais de Catalogação na Publicação (CIP)
(Câmara Brasileira do Livro, SP, Brasil)

Guimarães, Lilian de Almeida
    Conversando com crianças sobre adoção / Lilian de Almeida Guimarães. — São Paulo : Casa do Psicólogo®, 2010. — (Coleção psicologia e educação / dirigida por Lino de Macedo)

    1ª reimpr. da 1. ed. de 2008.
    Bibliografia.
    ISBN 978-85-7396-609-1

    1. Adoção 2. Adoção - Aspectos psicológicos 3. Pesquisa psicológica 4. Psicologia infantil I. Título.

10-12873   CDD-155.445

Índices para catálogo sistemático:
1. Adoção de crianças : Psicologia infantil 155.445
2. Crianças : Adoção : Psicologia infantil 155.445

Printed in Brazil

Reservados todos os direitos de publicação em língua portuguesa à

 Casapsi Livraria e Editora Ltda.
Rua Santo Antônio, 1010
Jardim México • CEP 13253-400
Itatiba/SP – Brasil
Tel. Fax: (11) 4524-6997
www.casadopsicologo.com.br

À **Victoria**, minha querida filha,
pelo amor incondicional, por ter me
ensinado tanto... com sua doce sabedoria.
Ao **Marcelo**, parceiro de vida,
pela eterna disposição em me apoiar,
pelos infindáveis incentivos.

À memória de Maria Adelaide,
Fonte de apoio seguro,
Esteve acompanhando este trabalho até quando pôde...

"Por muito tempo achei que a ausência
é falta.
E latimava, ignorante, a falta.
Hoje não o lastimo.
Não há falta de ausência
A ausência é um estar em mim.
E sinto-a, branca, tão pegada, aconchegada nos meus
braços, que rio e danço e invento exclamações alegres,
porque a ausência, essa ausência assimilada, ninguém
a rouba mais de mim."

(Carlos Drummond de Andrade)

SUMÁRIO

Agradecimentos *11*
Apresentação *13*
Prefácio *19*

Capítulo I
Introdução *23*
Adoção e a descoberta da infância *23*
Adoção e as concepções de família *27*
Pesquisas sobre adoção: conservação ou transformação? *32*

Capítulo II
O percurso da pesquisa *39*
Rede de significações *39*
A criança como colaboradora no processo de pesquisa *42*
A construção do *corpus* da pesquisa *44*
Questões éticas e desafios metodológicos *46*
Os participantes: a pesquisadora e as crianças *49*
O procedimento: conversando com as crianças *51*
A organização do *corpus* para análise *59*
Procedimentos de análise *61*

Capítulo III
A perspectiva da criança sobre o seu processo de adoção *65*
Apresentando Billy *66*
Conversando com Marlene e Rochester *70*
Conversando com Billy *72*
Apresentando Yasmim e Júlia *92, 93*

Contextualizando os encontros com as meninas   *96*
Conversando com Yasmim   *99*
Conversando com Júlia   *117*

Capítulo IV

Pontos para reflexão   *141*
Sobre a possibilidade de conversar com
a criança   *142*
Sobre a possibilidade de estudar adoção a partir da perspectiva da própria criança   *151*
Os contextos interligados ao processo de adoção tardia   *151*
O processo de silenciamento circunscrevendo as práticas relacionadas à adoção   *157*
A necessidade de um programa de acompanhamento pré e pós-adoção   *162*

Referências Bibliográficas   *169*

Agradecimentos

Começo com um forte desejo de agradecer às pessoas e às instituições que estiveram, de maneira muito especial, construindo comigo o conhecimento apresentado neste livro.

Aos participantes desta pesquisa: Billy, Yasmim, Júlia e seus pais, por me receberem em suas casas e compartilharem comigo suas histórias de vida. Sem a co-autoria de vocês, este livro não teria sido possível.

À Profa. Dra. Maria Clotilde Rossetti-Ferreira, orientadora, por ter me acolhido em seu grupo de pesquisas e ter me presenteado com a oportunidade de desenvolver minha pesquisa de mestrado com este grupo.

À Profa. Dra. Nina Rosa do Amaral Costa, co-orientadora, por me acompanhar de perto durante o percurso da pesquisa e facilitar minha participação no grupo.

À Profa. Dra. Katia de Sousa Amorim, pelas leituras interessadas e pela participação preciosa nas diferentes etapas do mestrado.

Às companheiras do GIAAA - Grupo de Investigações sobre Acolhimento Familiar, Abrigamento e Adoção por me apoiarem, contribuindo com seus conhecimentos e experiências.

À equipe Interdisciplinar da Vara da Infância e da Juventude do Fórum da cidade onde as adoções ocorreram, pela disponibilidade em me fornecer informações necessárias para o desenvolvimento da pesquisa, pela dedicação e esforço diário no trabalho de proteção à criança.

Às Professoras Ana Maria Almeida Carvalho, Bernadete Amêndola de Assis Contart, Marlizete Maldonado Vargas, Regina Helena Caldana e Zilma de Moraes Ramos de Oliveira, pelas contribuições valiosas em momentos formais e informais.

Ao Prof. Jesús Palacios, Catedrático de Psicología Evolutiva y de la Educación de la Universidad de Sevilla (Espanha), por ter e possibilitado um estágio prático em programas de intervenção na área de adoção, acolhimento familiar e institucional.

Aos amigos do CINDEDI - USP (Centro de Investigações sobre Desenvolvimento Humano e Educação Infantil) pela amizade e compartilhamento de experiências.

Ao Prof. Dr. Lino de Macedo, por ter acreditado neste sonho e apresentado este trabalho à editora Casa do Psicólogo.

À Profa. Dra. Regina Cláudia Mingorance e à Profa. Dra. Adriana Borges Tannus de Souza pela gentileza em revisar o manuscrito deste livro, emprestando seu precioso tempo e sensível olhar para que este ganhasse alguns dos últimos ajustes.

Ao Conselho Nacional de Desenvolvimento Científico e Tecnológico – CNPq – Brasil, por ter financiado o projeto de pesquisa, contribuindo para a minha formação enquanto pesquisadora.

À FAPESP, pelo financiamento do Projeto Temático do qual este trabalho faz parte.

Lilian de Almeida Guimarães

Apresentação

Em primeiro lugar, é importante contextualizar as condições de produção deste livro. Ele é resultado da minha pesquisa de mestrado "A perspectiva da criança sobre seu processo de adoção", apresentada à Faculdade de Filosofia, Ciências e Letras de Ribeirão Preto da Universidade de São Paulo em junho de 2006. Porém, mais do que isso, é a realização de um sonho: de que o conhecimento acumulado durante o mestrado não ficasse contido numa biblioteca universitária, mas que fosse além, que pudesse ser compartilhado diretamente com a comunidade, transitando por outros lugares, fomentando reflexões e inspirando práticas.

Além disso, é preciso dizer que essa pesquisa é uma parte de um projeto muito maior que investiga acolhimento familiar, abrigamento e adoção (GIAAA). Assim, o conhecimento que acredito ter acumulado com essa pesquisa foi construído com as narrativas dos participantes e, também, com o diálogo entre teoria, pesquisa e prática que desenvolvemos continuamente nesse grupo de pesquisas.

Assim, o interesse pela "voz" da criança adotiva surgiu ao longo da minha inserção no CINDEDI (Centro de Investigações sobre Desenvolvimento Humano e Educação Infantil), mais especificamente no *Grupo de Investigações sobre Acolhimento Familiar, Abrigamento e Adoção* (GIAAA).

[1] A relação está no final da apresentação.

Nesse grupo, sob coordenação da Professora Doutora Maria Clotilde Rossetti-Ferreira, vários estudos têm sido realizados ao longo dos últimos anos[1] buscando analisar a complexa e dinâmica rede de significações que permeia e circunscreve os processos de acolhimento familiar, abrigamento e adoção.

Ao buscar na literatura nacional e internacional publicações sobre adoção, no ano de 2002, constatamos a escassez de pesquisas conduzidas *com* a, ou *a partir da* própria criança.

As produções científicas sobre adoção, especialmente no campo da Psicologia, até aquele período, eram marcadas por estudos que *avaliavam* as crianças. Em geral, os estudos utilizavam avaliações físicas, cognitivas, emocionais para *comparar* crianças adotadas e não-adotadas; ou ainda crianças adotadas quando bebês e aquelas adotadas com mais de dois anos (adoção tardia). A criança aparecia como foco principal das pesquisas, porém, poucos estudos investigavam a adoção a partir da ótica da própria criança: falava-se *sobre* a criança, e não *com* ela.

Além disso, nas reuniões semanais do GIAAA com psicólogos e assistentes sociais do Judiciário, verificamos como é complexo o processo de adoção. De um lado, estão as pessoas interessadas em adotar, que passam por uma avaliação psicossocial e escolhem o perfil de crianças que gostariam de adotar (sexo, idade, etnia, entre outros aspectos do cadastro); do outro lado, estão as crianças colocadas nos abrigos, aguardando a reintegração familiar, o acolhimento por uma família substituta, ou a adoção. Mediando esses lados está o Poder Judiciário. Mas, para se determinar a destituição do poder familiar e a criança ficar elegível para ser adotada, há necessidade de se cumprir os prazos para se garantir o respeito aos direitos de todos (crianças, adolescentes, pais biológicos) até ser emitido o parecer do Juiz, autorizando ou não, a colocação da criança em família adotante.

Porém, existe uma grande incompatibilidade entre o perfil da criança desejada para adoção e o perfil das crianças elegíveis para adoção. A grande maioria dos interessados em adotar prefere bebês, brancos, saudáveis e sem irmãos. Em contraposição, a maioria das crianças disponíveis para adoção têm mais de dois anos de idade, são pardas ou negras e têm irmãos na mesma condição, alguns tem doenças cronicas ou necessidades especiais.

Assim, começamos a perceber que adoção de crianças e adolescentes é um tema polêmico e possibilita construções distintas de narrativas, que muitas vezes são contraditórias, a depender do lugar de onde se fala e para quem se fala. É comum nos depararmos com opiniões diversas, incluindo, por exemplo, aquelas que consideram este recurso como um direito da criança/ adolescente e uma alternativa possível para o seu desenvolvimento saudável, como também aquelas que enquadram a criança adotiva como em sério risco de problemas emocionais.

Coincidentemente, na época em que eu estava começando a pensar no projeto de mestrado, certo dia eu estava numa longa fila de banco, quando uma conversa de um casal que estava à minha frente chamou minha atenção. O assunto era um caso de adoção e se desenvolveu mais ou menos assim: "*Como é a criança? Que idade tem? De onde ela veio? Por que será que foi abandonada?...*" A conversa ficou muito tempo girando em torno da criança até que alguém concluiu: "*Precisa-se de coragem para adotar*". E então transferiu-se a conversa para a questão dos pais adotivos: "*Por que adotaram essa criança? Foi por infertilidade? Mas por que não tentaram uma inseminação artificial primeiro?"*. E, então, partiu-se para casos de adoção que conheciam e que haviam sido muito problemáticos, terminando a conversa com a seguinte afirmação: *"Nunca dá certo!"*.

Embora tenha sido uma situação aleatória, não poderia deixar de observar alguns conteúdos de ordem cultural permeando os discursos. A adoção de crianças e adolescentes parece estar associada a uma forma de solução para a infertilidade refletindo, assim, uma concepção naturalizante de família que valoriza o modelo de família biológica e, portanto, de consangüinidade. Em nossa cultura, a adoção de crianças parece estar marcada por uma visão unilateral que, inclusive, tem sido reforçada pela maioria das pesquisas científicas sobre o tema. Focaliza-se as dificuldades do processo nas crianças e não nas relações estabelecidas entre elas e os vários interlocutores, dentro dos diferentes contextos por que passam, perpetuando assim, os medos e fantasias a respeito do tema. De uma maneira geral, em nossa sociedade, tais preconceitos, medos e fantasias estão ligados ao passado da criança, como se a história passada de cada uma das crianças funcionasse como uma "semente ruim" plantada pelos pais biológicos no caráter de seu filho (Vargas, 1998).

Essas questões reforçaram ainda mais meu interesse em investigar a adoção a partir da ótica da própria criança, por acreditar numa visão de desenvolvimento humano como sendo um processo de construção social que se dá ao longo de toda a vida. Assim, enquanto parte constitutiva do processo de adoção, a criança está submetida a uma série de fatores que circunscrevem este processo (história de abandono, vivências no abrigo, expectativas dos pais adotantes, etc). Ao mesmo tempo em que ela se relaciona com eles, negocia e, até certo ponto, tem a possibilidade de modificar o percurso do seu desenvolvimento.

Portanto, este livro vai discutir essas questões e, também, algumas outras que dizem respeito à metodologia de trabalho com crianças. Afinal, quando começamos a planejar minha pesquisa de mestrado, a questão maior que nos instigava era a possibilidade de estudar a adoção a partir da perspectiva da própria criança. Contudo, ao longo do trabalho, deparamo-nos com questões éticas e desafios metodológicos que nos levaram a refletir também sobre a possibilidade de conversar com crianças em contextos de investigação.

Enfim, este livro aborda a temática da adoção a partir do lugar da criança, configurando-se como uma séria reflexão sobre a importância de se ouvir essas crianças. Elas têm sentimentos, dúvidas e são capazes de conversar sobre sua vida. Daí a necessidade de oferecer-lhes oportunidades para conversarem sobre suas experiências. Ao falar sobre seu processo de adoção, elas podem aprender sobre si e construir suas histórias de vida. No entanto, é preciso refletir cuidadosamente e criticamente sobre como interpretar o que a criança fala ou expressa, e sobre o uso dessa interpretação, visto que não há *uma* realidade a ser apreendida, mas *algumas* narrativas a partir de um determinado contexto, para interlocutores específicos, num dado momento da sua vida.

Para esta publicação, foram feitos pequenos ajustes na versão original da dissertação, sempre com a intenção de deixar a leitura mais clara e agradável e, sobretudo, buscando garantir o anonimato dos participantes. Porém, optei propositadamente por não alterar a seqüência de apresentação, visando estimular o leitor a sentir como se estivesse percorrendo o mesmo caminho que eu percorri. Um caminho que não tem direções prontas e nem a pretensão de concluir a viagem.

Relação de Estudos

[1] - "O Cenário jurídico: a análise de processos de adoção no município de Ribeirão Preto" (Mariano, 2004);

- "Construção de sentidos relacionados à maternidade e à paternidade em uma família adotiva" (Costa, 2005);

- "A construção das relações afetivas durante a inserção do bebê na família adotiva" (Mingorance, 2006);

- "Escolhas na adoção: o processo de acolhimento da criança na família adotiva" (Eltink, 2006);

- "O abrigamento de crianças de 0-6 anos de idade em Ribeirão Preto" (Serrano, 2008);

- "Adolescentes no momento de saída do abrigo e a construção de sentidos de si "(Martinez, 2006);

- "Adoções prontas ou diretas. Buscando conhecer seus caminhos e percalços" (Mariano, em desenvolvimento);

- "Criança adotada: um fracasso na escola? Estudo do processo de construção das dificuldades de aprendizagem em crianças adotadas (Pauli, em desenvolvimento)";

- "Famílias acolhedoras: uma análise das experiências no Estado de São Paulo" (Costa, em desenvolvimento);

- "Que posições ocupam os irmãos na rede de relações de crianças em situação de abrigamentos? (Almeida, em desenvolvimento)

PREFÁCIO

Quem sou eu?
De onde venho?
A que família e a que grupo pertenço?
Qual minha história de vida?
O que será de mim no futuro?

Estas são algumas das perguntas que todos nos fazemos, em diferentes momentos da vida, na busca de nossa identidade. E são temas que retornam com freqüência à nossa mente, levando a novas percepções e elaborações a cada momento da vida.

Essas perguntas surgem com mais urgência em momentos de mudança e crise.

A adoção de crianças, sobretudo das maiorzinhas que já tem um maior domínio da linguagem, é um desses momentos.

Freqüentemente, porém, um silenciamento sobre o assunto permeia as relações entre todos os envolvidos, dificultando indagações, conversas, esclarecimentos.

A adoção, tida como uma situação associada a um passado de sofrimentos e rupturas que se quer esquecer, tende a ser mantida, na medida do possível, em segredo, escamoteada, omitida, silenciada.

E, quando pressionados a revelá-la, os familiares perguntam em que momento devem fazê-lo. A ilusão de uma única revelação desse segredo desconhece a multiplicidade de sentidos que se constrói com relação ao passado e a identidade, a cada momento da vida e em cada contexto. Não se trata, pois, de um único momento, e não se trata de revelar, e sim de conversar com a criança sobre eventos de sua vida, sempre levando em consideração sua capacidade de compreensão e interesse nos diferentes momentos de desenvolvimento.

A criança constrói sua identidade através de interações verbais e não verbais com outros significativos. Para se apropriar de seu passado, conhecer-se no presente e se preparar para o futuro, ela precisa ter várias oportunidades de explorar sua história através de conversas, jogos e narrativas. E, a cada momento, mudam tanto as situações como suas competências para lidar com elas, exigindo novas elaborações, onde o outro – adulto, criança, presente ou virtual – pode ser um parceiro importante.

Por isso, se tiverem oportunidade, as perguntas e curiosidades retornam repetidamente, seja na criança adotada ou não. Embora haja tópicos, temas e situações mais difíceis e doídos, que elas mesmas não conseguem abordar e/ou preferem silenciar, os quais devem ser tratados com o maior respeito. Na realidade, algo semelhante ocorre conosco, adultos, não é verdade?

Pois é, Lilian se propôs ao desafio difícil de ouvir crianças em processo de adoção. Colocou as crianças como colaboradoras de sua pesquisa. Para isso teve de desenvolver uma série de procedimentos criativos e lúdicos para facilitar sua conversa com elas. Sempre respeitando seus limites e silêncios.

Através dessas conversas, procurou investigar as perspectivas das crianças sobre adoção. E falo no plural, porque não houve busca de uma resposta fidedigna sobre o que é adoção. Consideramos a impossibilidade de estabelecer sentidos de verdade, realidade, de universalidade do corpus de pesquisa. Qualquer fala é dialógica, é dita para alguém, construída em conversa com alguém, em determinado momento, contexto e situação.

Isto por que partimos do princípio de que há várias narrativas possíveis. E que, na fala ou nas brincadeiras e desenhos das crianças ecoam vozes e concepções variadas.

E as produções das crianças mostraram que elas circularam de um contexto a outro, da família de origem, aos abrigos, à família adotiva, passando pelo Sistema Judiciário. Sempre submetidas de maneira impotente às decisões dos adultos, sem serem avisadas ou explicadas a respeito do que estava acontecendo, dos motivos e da possível evolução do processo.

A partir de sua pesquisa, Lilian aponta a necessidade de programas de acompanhamento pré e pós-adoção, em que as crianças e seus familiares possam ter voz, respeito e valorização pela sua história de vida, e nos quais, suas mútuas expectativas possam ser discutidas em diferentes momentos, procurando construir com cada interlocutor os vários sentidos de cada uma dessas experiências.

Espero que a leitura deste trabalho lhes dê o prazer que me deu acompanhá-lo em seu processo de construção. Posso dizer que aprendi muito com ele.

BOA LEITURA!
CLOTILDE

capítulo I

Introdução

Adoção e a descoberta da infância

Desde que a humanidade existe, a incerteza do cuidado e proteção, em função da orfandade ou abandono pelos pais, coloca imediatamente a criança pequena em situação de risco de vida. Afinal, a criança tem como característica fundante, a dependência do outro para sobreviver.

A adoção representa apenas *um* dos recursos para garantir a sobrevivência e o desenvolvimento de crianças cujos pais não estão disponíveis ou são julgados incapacitados de cuidar delas. Outras medidas de proteção à criança podem também ser usadas, como por exemplo, o acolhimento em família extensa ou em família acolhedora; o acolhimento em instituições de abrigo, podendo a situação ser legalizada em termos de Guarda, Tutela ou Adoção, segundo o ECA (Estatuto da Criança e do Adolescente, 1990).

Historicamente, no entanto, não foi sempre pensado e organizado dessa forma. Na sociedade romana, por exemplo, a adoção teve grande importância para legitimar o direito político dos sucessores dos seus líderes. O Império Romano foi reinado através de descendentes adotivos por mais de um século. Naquela época, não se discutia a adoção para crianças, mas sim, para adultos (Weber, 2003; Vargas, 1998).

No período medieval, muitas crianças, ao nascer, eram confiadas a estranhos até que atingissem condições de não mais precisar de ajuda de sua ama, para ingressar na sociedade dos adultos. Ou seja, a separação dos pais biológicos não era vista como um problema. Naquela sociedade, a família não era um elemento imprescindível na vida da criança. Foi uma época em que as adoções eram raras e, quando aconteciam, eram adultos adotados em função de transmissão de bens, nome ou poder político (Fonseca, 2002; Ariès, 1981). Somente ao final da Idade Média a criança foi colocada num lugar junto de seus pais, e os adultos passaram a se preocupar com sua educação e futuro. A criança ainda não era o centro das atenções, porém tornou-se um elemento mais presente.

A partir do século XVIII começou a surgir a "família moderna", na qual os filhos passaram a ocupar uma posição central e a mãe tornou-se a principal socializadora deles. Assim sendo, se antes a criança era vista apenas como um adulto incompetente, aos poucos, ela tornou-se um ser em formação que precisa de cuidados especiais (Ariès, 1981).

Ainda assim, antes do século XX, não era a criança órfã ou abandonada que movia as poucas discussões sobre adoção, apesar do grande número de enjeitados deixados nas rodas dos expostos, mundialmente difundidas. A Casa dos Enjeitados ou Roda dos Expostos foi criada com o objetivo de recolher as crianças abandonadas. Pelo dispositivo (cilindro de madeira) onde os bebês eram depositados, garantia-se o anonimato da origem da criança. Os bebês eram, então, criados por amas-de-leite e religiosas. Também não eram raras, as famílias que cuidavam de crianças abandonadas como "filhos de criação", sem contudo, legalizar a situação, nem mesmo, igualar os direitos dos filhos "legítimos" com os "de criação". (Marcilio, 1997; Costa, 1983).

No Brasil, a legislação sobre adoção de crianças só começou a se estruturar no início do século XX, com o surgimento do Estado moderno. Ela coincide também com as concepções da nova ciência psicológica, que apresentou a noção de infância enquanto fase decisiva para o desenvolvimento da personalidade adulta. O poder público, baseado nesta "justificativa científica", passou a estender sua influência para dentro da vida familiar, no sentido de controlar o potencial biológico das populações, a fim de aumentar a produção econômica e, assim, a infância passou a ser vista como passagem à vida produtiva adulta (Amorim, 2002; Fonseca, 2002).

Com o advento das grandes guerras mundiais, havia a necessidade de acolhimento dos órfãos de guerra. A partir desta época, pesquisadores como Spitz e Bowlby destacaram-se por desenvolverem importantes estudos psicológicos em virtude da crescente demanda de crianças institucionalizadas, enfatizando-se a privação materna como causador de importantes atrasos no desenvolvimento biopsicossocial (Lewis, 1999).

A adoção de recém-nascidos passou a ser considerada como uma maneira de suprir a falta da mãe desde o início, no sentido de garantir um desenvolvimento saudável deles, ficando as crianças mais velhas pré-destinadas à psicopatologia. Percebe-se, então, que a concepção de adoção de crianças e adolescentes na cultura ocidental é marcada por uma forte influência dos estudos psicológicos do século XX, que nos deixaram a convicção de que os indivíduos têm traços de personalidade e que esses traços derivam das primeiras experiências de vida, principalmente das relações estabelecidas entre mãe e filho, determinando todas as relações posteriores da pessoa.

Na década de 1960, surgiram estudos que começaram a criticar a exagerada influência atribuída às primeiras experiências de vida no desenvolvimento futuro das pessoas. Constatou-se que as crianças institucionalizadas não eram privadas somente do contato com as mães, eram também privadas de todos os contatos sociais, inclusive de cuidados indispensáveis para o desenvolvimento (Silva, 2002; Rutter, 1989). Então, o que estava marcando as primeiras experiências de vida daquelas crianças não era a falta de uma mãe, mas a falta de qualquer tipo de relação afetiva.

Ainda hoje, persiste a visão de que a criança precisa de uma família para se desenvolver adequadamente e, de preferência, desde o início da vida. Mas será que só uma família pode propiciar relações de vínculo afetivo?

A adoção tem sido vista como uma solução para as crianças que não estão com uma família. Porém, este não é um costume recente em nossa sociedade e, apesar disso, há preconceitos e controvérsias em torno da questão da adoção. Trata-se de um tema que nos instiga, gerando discussões polêmicas, idéias contraditórias e, muitas vezes, incompatíveis entre si.

O olhar antropológico de Claudia Fonseca (2002) possibilita abrir a discussão teórica para uma prática de adoção no Brasil que se contrapõe a essa visão preconceituosa. Em seu trabalho em Porto Alegre, a autora chama a atenção para o fato de que, nas camadas populares, existe uma concepção e prática de cuidado e educação diferentes das da camada média: a *"circulação de crianças"*, sendo esta uma prática familiar datada de muitas gerações. Os bebês ou crianças maiores transitam entre as casas de avós, madrinhas, vizinhas e "pais verdadeiros", tendo assim, "diversas mães" sem nunca passar por um tribunal, mas vivenciando vários vínculos afetivos.

Atualmente, no Brasil, vários grupos de estudo e de apoio à adoção têm procurado desmistificar o tema através de publicações e da divulgação de boletins informativos, buscando criar uma nova cultura sobre a adoção, cujo objetivo principal seria o de propor um lar e uma família às crianças que não as têm, independentemente das condições de saúde, cor, gênero, raça ou idade ("adoção moderna"). Ou seja: a adoção deixa de ser uma solução para as famílias que não têm filhos e passa a ser proposta como uma solução para as crianças que não têm família e que necessitam de um lar (Freire, 2001).

Contudo, é preciso que haja uma reflexão mais profunda que abarque as concepções de família da nossa sociedade para que, de fato, a adoção possa ser discutida efetivamente.

Adoção e as concepções de família

As concepções de família não devem ser analisadas fora do contexto, elas estão relacionadas com os fatores macro sociais, como por exemplo: economia (empregos); política (atuação do estado); religião (crenças e regras). Portanto, família não é uma realidade que tem uma existência independente da sociedade. Dessa forma, a cultura é transmitida através da família que, por sua vez, influencia e é influenciada pela sociedade (Lévi-Strauss, 1966).

Desse modo, o que é considerado família depende da sociedade em que está inserida. Há sociedades em que as mulheres vivem numa casa com as filhas, e os homens vivem em outra casa; outras, em que família significa grupos de irmãos (privilegiando a consangüinidade); e outras comunidades (*kibutzim*) em que as crianças não ficam com os pais, mas sim, sob a responsabilidade coletiva da comunidade, em instituições especializadas no cuidado de crianças. Assim, podemos concluir que existem diferentes estruturas familiares e, consequentemente, não é somente a família nuclear que pode propiciar a construção de relações de vínculo afetivo. Há, então, a necessidade de se definir o que é família a partir dos conceitos de reprodução, de parentesco e de unidade domiciliar (Durham, 1983).

Família sob essa ótica representa, portanto, uma construção social e não um acontecimento natural, como somos levados a acreditar. Como construção, está sujeita às transformações impostas pela sociedade. É através da violação de regras, que a sociedade reorganiza a vida social e cria novas formas de relacionamento entre as pessoas. Por exemplo, há algumas décadas, havia muito preconceito com famílias de cônjuges separados. Hoje, fala-se em famílias reconstituídas, irmãos por parte de pai, irmãos por parte de mãe, etc.

No entanto, a concepção naturalizante de família, na sociedade ocidental, é muito marcante e difícil de ser desconstruída. A família é vista segundo um parâmetro biológico, marcado pela sexualidade e a reprodução biológica (Leon, 2002). Abandonar a noção naturalizante de família significa embarcar na concepção de que não existe um modelo ideal de família, não existe modelo de família estruturada, assim como não existe modelo de família desestruturada. E, sobretudo, que relações afetivas podem ser construídas ao longo de toda a vida e através de diferentes maneiras.

Eunice R. Durham (1983) ressalta que a antropologia tem mostrado, por meio de estudos comparativos, que sociedades diversas consideram e determinam de forma variável o casamento, o parentesco, a residência e a vida doméstica, preferindo arranjos diversos dos nossos.

Atualmente, na nossa sociedade, é possível separar reprodução biológica e família. A reprodução biológica deve ser considerada em função de um acontecimento físico, e, portanto, biológico para ocorrer o nascimento de uma criança. Entretanto, não é necessário existir o encontro físico entre um homem e uma mulher para isso acontecer, como observamos na reprodução assistida, por meios tecnológicos.

Cabe então acrescentar uma outra possibilidade de se constituir família sem que haja reprodução biológica/assistida nem consangüinidade: adoção. E aqui começa uma das questões centrais dessa discussão: a adoção é *excepcionalmente* um parentesco?

Bourdieu (1996) inicia seu artigo "O espírito de família", discutindo a definição dominante da família normal: "a família é um conjunto de indivíduos aparentados, ligados entre si por aliança, casamento, filiação, ou, excepcionalmente, por adoção (parentesco), vivendo sob um mesmo teto (coabitação)".

Esta noção de "excepcionalidade" de parentesco, em função de adoção, está arraigada na concepção naturalizante de família da nossa sociedade, pois estamos presos justamente à idéia da consangüinidade, do modelo de família biológica.

Dessa forma, torna-se quase impossível construir uma família sem essa base natural (biológica). Essa interpretação talvez explique a dificuldade das pessoas assumirem que adotaram, escondendo o fato até da própria criança que foi adotada; ou a procura maciça de bebês para a adoção; ou ainda, a preferência por reprodução assistida. Tudo isso para se tentar reproduzir o modelo de família "natural".

O artigo escrito por Ing-Britt Christiansen (2001) discute como a metáfora "o sangue é mais espesso que a água" informa idéias de parentesco em situação de adoção. Tendo em vista a concepção de adoção como uma mudança permanente de relação de parentesco, o artigo analisa as implicações que essa mudança traz em uma cultura cujo laço biogenético é importante para a caracterização de uma relação familiar.

Neste artigo, pontua-se que, na família adotiva, a parentalidade não é criada pelo nascimento, mas pela lei e que na Dinamarca (onde foi realizado o estudo), os laços de sangue são suprimidos e esquecidos após o término do processo de adoção. No entanto, como o sangue tem um grande poder cultural de identidade comum, as pessoas adotadas tornam-se inseguras de quem elas realmente são aparentadas, se da família adotiva ou biológica. A narrativa entre os adotivos (17 dinamarqueses adotivos adultos que haviam localizado e encontrado seus pais biológicos) sobre o sentimento de um "buraco" torna-se de importância existencial que, juntamente como a idéia do poder da metáfora do sangue, movem os adotivos a procurarem e encontrarem suas mães biológicas.

No estudo citado acima, discute-se o fato de que, embora as famílias possam ser criadas tanto pelo sangue como pela lei (no caso das adotivas), simbolicamente há uma tendência a considerar o relacionamento de sangue como mais forte que o baseado na lei. O relacionamento de sangue traz a conotação de permanência, não podendo ser terminado, já o da lei é passível de finitude. Segundo Christiansen (2001), uma pessoa pode ser ex-marido, mas não ex-pai. Para a autora, a natureza inalterável do sangue tem um aspecto muito significativo, porque um relacionamento de sangue é visto pelas pessoas como um relacionamento de identidade. As pessoas pensam que parentes de sangue partilham de uma identidade em comum.

Por outro lado, nesse mesmo estudo, constatou-se que os encontros com as mães biológicas não criaram novas relações e o "sangue em comum" não foi suficiente para sustentar a relação. Os encontros acabaram sendo importantes para que o adotivo fosse capaz de reconstruir a narrativa da adoção, pois a mãe biológica representava o "começo" e o adotivo poderia vir a ser capaz de falar dele mesmo com autenticidade.

Assim, de um lado está a família biológica, de outro, a família adotiva e no meio, a "pessoa adotada" com um registro de filiação pela família adotiva. Ou seja, a criança adotada recebe uma nova certidão de nascimento e omite-se por completo seu passado, apagando qualquer referência aos progenitores. Planta-se, dessa forma, o segredo sobre a origem familiar da criança adotada. Para Rossetti-Ferreira (2006):

> essa aura de segredo (...) reforça os mitos e pré-conceitos já existentes em torno da adoção e das experiências vividas entre pais e filhos adotivos, dada à dificuldade ou impossibilidade de se falar sobre a questão e construir novos significados para essa vivência (Rossetti-Ferreira, 2006, p.25).

Nesse sentido, Cláudia Fonseca (2002) sugere uma "filiação aditiva" que seria acrescentar à filiação biológica, a filiação adotiva. E não a anulação do registro da família biológica. Esta é uma reflexão que ainda está para acontecer nos contextos de adoção da nossa sociedade.

Contudo, internacionalmente, as adoções abertas estão ganhando visibilidade, o que tem sido motivo de crescente debate. *Adoção Aberta* indica um tipo de adoção que envolve o compartilhamento de informações entre a família adotiva e a biológica e também, algum grau de contato direto entre as partes, o que pode envolver ou não, a criança (Brodzinsky, 2005).

No entanto, Brodzinsky (2005) discute este tema apresentando dois exemplos de famílias adotantes: uma família que fez uma adoção "estruturalmente" fechada, mas que mantém um processo de comunicação com a criança extremamente aberto; outra família que fez uma adoção "estruturalmente" aberta, mas que mantém um processo de comunicação familiar completamente fechado. O autor argumenta então que, independentemente se a criança cresce numa adoção fechada ou numa adoção aberta, o que é fundamental para uma adaptação psicológica saudável é a manutenção de um diálogo familiar aberto, honesto, emocionalmente harmonioso e não somente sobre assuntos de adoção, mas sobre qualquer assunto que envolva a vida da criança e da família.

Enfim, as questões de adoção estão permeadas pela complexidade que está presente nas concepções de família da nossa sociedade. E é esta complexidade que nos convida ao trabalho, justamente por esta pluralidade de idéias em torno das relações afetivas. Resta-nos então uma questão: como está sendo o papel das pesquisas científicas na transformação ou conservação da cultura da adoção?

Pesquisas sobre adoção: conservação ou transformação?

Um levantamento bibliográfico foi realizado com o objetivo de verificar como o tema da adoção de crianças e adolescentes estava sendo abordado na literatura nacional e internacional.

Observamos que a adoção era investigada a partir de uma concepção que considera o abandono e as vivências em instituições como fatores de alto risco para o desenvolvimento posterior da criança. Em geral, as pesquisas utilizavam avaliações de indicadores (físicos, cognitivos e sociais) e comparações entre grupos diferentes (adotados e não adotados; adotados quando bebês e adotados tardiamente) privilegiando grandes amostras. As conclusões encontradas eram generalizadas, concentrando a atenção nos resultados das avaliações, mantendo o foco predominantemente nas crianças. Desta maneira, investigava-se apenas parte do fenômeno.

Palacios & Sánchez-Sandoval (2005) argumentaram que a pesquisa psicológica sobre adoção é sobrecarregada por uma ênfase exagerada de comparações entre adotados com não adotados. Em geral, as comparações são feitas a partir de problemas de comportamento, tais como: impulsividade, hiperatividade, problemas de atenção e dificuldade de adaptação na escola. Uma das justificativas apresentadas pelos autores, para este interesse científico pela comparação, é que a adoção possibilita um tipo de experimentação natural que, por isso, facilita a análise de questões importantes como o papel das experiências iniciais de vida e a possibilidade de restabelecimento depois de uma adversidade inicial. Na visão dos autores, o foco exclusivo em problemas é uma das falhas na pesquisa sobre adoção. Questões que interessam a todas as famílias adotivas, tais como, comunicação sobre adoção; sentimento da criança por ser adotada; problemas que famílias adotivas enfrentam; satisfação com a adoção, são muito menos prevalentes nas pesquisas.

Apesar de serem estudos que evidenciavam os benefícios da adoção para as crianças, esta constatação revelou duas questões interdependentes: reflete uma concepção que privilegia os primeiros anos de vida como decisivos e determinantes para os demais períodos da vida; e determina a maneira como os estudos estão sendo desenvolvidos. Embora a maioria dos estudos fosse longitudinal e se propôs a fazer uma análise do desenvolvimento das crianças a partir da adoção, os estudos utilizaram indicadores de desenvolvimento como *produtos* (*resultados*), e o *processo* da adoção (como as redes de relacionamentos vão se configurando na família) foi negligenciado.

Rutter (1989) afirmou que mesmo experiências adversas marcantes na infância carregam poucos riscos para o desenvolvimento futuro se as experiências seguintes forem positivas. Ele discutiu a situação de perda dos pais destacando a importância de se focar, ao longo do tempo, os mecanismos mediadores presentes no caso. A perda dos pais será o evento-chave e constituirá apenas o indicador de uma situação de risco, mas, para o autor, os mecanismos de risco envolvem uma rede complexa de acontecimentos anteriores e posteriores ao evento-chave.

Assim, apesar de uma predominância dessa perspectiva determinista quanto às condições de desenvolvimento das crianças adotadas, pudemos encontrar trabalhos que revelaram que, não necessariamente, a adoção é por si um fator de risco.

Di Loreto (1997) escreveu sobre sua experiência como psicoterapeuta aqui no Brasil, atendendo diversos casos de adoção. Para ele era intrigante que, nas primeiras entrevistas, os pais iniciavam falando que seus filhos eram adotados para, depois, dizerem qual era a queixa, como se "ser adotado" já fosse o problema. Para Di Loreto (1997, p. 10), a adoção em si não é problema: "Não há patologia nem patogenia intrínsecas à adoção. Nem pelo lado da criança, nem pelo lado dos pais que adotam". Considerando anos de experiência e refletindo sobre sua prática, Di Loreto constatou que:

"o que causava distúrbios psíquicos nos filhos adotados, eram modos de relacionamento familiares alheios à adoção. E de existência anterior à adoção".

Felizmente, alguns trabalhos evidenciaram a importância de se considerar também a dinâmica familiar para refletir sobre adoção.

Reppold & Hutz (2002), da Universidade Federal do Rio Grande do Sul, apontaram três fatores relevantes para o desenvolvimento adaptativo dos adotados: 1) Atributos pessoais (auto-estima); 2) Aspectos familiares (estilo parental); 3) Disponibilidade do ambiente em atuar com um sistema de apoio social. Dentre as conclusões assumidas no artigo, está a proposição dos autores de que os estilos parentais modulam a adaptação psicológica dos adotados.

Também Peters, Atkins & Mckay (1999) desenvolveram nos EUA uma ampla revisão na literatura internacional e concluíram que há necessidade de estudos sob uma perspectiva interacionista, para que questões peculiares ao relacionamento de famílias adotivas possam ser melhor observadas. Para eles, não se pode esperar que famílias adotivas fiquem imunes aos mesmos processos familiares que outras famílias vivenciam. Nesse sentido, os processos familiares que moldam a vida da criança adotiva no dia-a-dia merecem ser o foco de investigação.

Nessa mesma direção está o trabalho de Vargas (1998), apresentando uma experiência de se olhar para o processo de adoção, tirando o foco individual, e introduzindo a adoção como um contexto interacional. A autora fez um estudo de acompanhamento de cinco famílias (grupos) que fizeram adoções tardias na comarca de Campinas. Ela observou no seu trabalho:

> que a dificuldade, ou não, da criança de estabelecer novos vínculos estaria, basicamente, relacionada com a

possibilidade de expressão e atendimento, pelos pais adotivos, de suas necessidades emocionais mais primitivas, ou seja, de ser gestada novamente, de se mostrar indefesa, de requerer atenção, de renegar essa atenção... Enfim, de refazer todo o caminho para a construção de seu novo eu a partir dos novos modelos parentais (Vargas, 1998, p.149)

Cabe aqui retomar a questão do papel das pesquisas na transformação ou conservação da cultura da adoção. A intenção é fomentar uma reflexão sobre como concepções teórico-metodológicas contribuem para construir realidades sociais.

Como têm sido apontado neste livro, poucos estudos investigaram o processo de adoção a partir da perspectiva da criança. Em geral, os estudos falaram *sobre* a criança e não *com* ela. Acreditamos que a criança é um dos elementos vulneráveis no contexto de adoção, dessa forma, proporcionar a oportunidade de falar sobre seu processo de adoção é fundamental, se quisermos elevá-la para uma posição de sujeito ativo e de direitos nesse processo.

Compreendendo adoção como um processo, consideramos que a criança já fez parte anteriormente de uma primeira família e, depois, possivelmente de uma instituição, e agora, está inserida numa nova família. Nesse processo, a criança estabeleceu determinadas relações, assumiu e atribuiu determinadas posições. Perguntamos então: como a criança fala sobre seu processo de adoção? Ressaltamos, no entanto, que não estamos buscando verdades, somente facilitar a construção de narrativas sobre sua história.

As características pessoais da criança, assim como sua própria fala a respeito da adoção, são construídas na sua história interacional e ganham sentido em relações situadas e contextualizadas. Assim, deixamos o âmbito individual da adoção e passamos a investigá-la considerando-a como relacional, contextual, abrangendo aspectos sociais e culturais, dentro de uma visão de processo.

capítulo II

O PERCURSO DA PESQUISA
Rede de Significações – o referencial teórico-metodológico

Conforme as argumentações apresentadas anteriormente, optamos por um referencial teórico-metodológico que possibilita abarcar a complexidade envolvida nos processos de adoção.

O referencial teórico-metodológico da *Rede de Significações* (*RedSig*) foi desenvolvido pelo CINDEDI e utilizado como uma ferramenta para a investigação e compreensão dos complexos processos de desenvolvimento humano. Encontra-se fundamentado em autores sócioistóricos ou históricoculturais como Vygotsky, Wallon, Valsiner, Bakhtin e também em autores da Psicologia do Desenvolvimento e Social como Brockmeier & Carbaugh, Bronfenbrenner, Bruner, Gergen, Harré & Langenhove, Hermans e Spink (Rossetti-Ferreira et al., 2004).

A perspectiva da *RedSig* compreende os processos de desenvolvimento como se dando durante todo o ciclo vital. É através *das*, e *nas* múltiplas interações, que a pessoa estabelece ao longo da sua vida, desde o nascimento até a morte, que se dá o processo de construção de si. Esse processo de construção de si dá-se em contextos históricos específicos, em que os parceiros de interação, continuamente, assumem papéis recíprocos e constroem seus conhecimentos e sentidos em relação a si, aos outros e ao mundo. Nestas redes de relações e interações, os indivíduos se constituem reciprocamente enquanto sujeitos e negociam significados (assim como os re-significam) relacionados a eventos, coisas, pessoas, lugares, sentimentos, dentre outros (Rossetti-Ferreira et al., 2004). Assim, esta perspectiva entende que o desenvolvimento humano não é individual, nem a-histórico, mas sim, dinâmico, complexo e com uma possibilidade de constantes transformações. A pessoa é considerada como um sujeito múltiplo e não apenas como produto/objeto de sua história; ela tem a possibilidade de transformar-se ao mesmo tempo em que dialeticamente transforma o meio que a constitui (Silva, 2003).

Considerando a natureza dialógica das relações, num determinado contexto interativo, diferentes pessoas participam com diferentes narrativas de experiências anteriores, histórias de vida e expectativas futuras, configurando-se várias redes articuladas entre si, compondo uma malha com vários pontos de encontro e desencontros.

As redes são continuamente reconfiguradas e, nesse processo, a linguagem, o conhecimento e a subjetividade dos envolvidos são mutuamente constituídos e transformados. Essa transformação acontece em movimentos de *"figura e fundo"*, por meio dos quais certos processos emergem e adquirem dominância, enquanto outros permanecem em um segundo plano, até que um novo evento ocorra, no contínuo fluxo das interações e situações. Portanto, é a partir da maneira como se dá o entrelace dos vários elementos e eventos (a configuração da rede) que se possibilita um certo conjunto de "recortes" e significações plausíveis na situação interativa (Rossetti-Ferreira; Amorim; Silva, 2004).

No entanto, enquanto tudo isto vai acontecendo, as interações, as configurações e as significações, a

RedSig ressalta a influência de uma matriz sócioistórica de natureza semiótica que está, o tempo todo, impregnando e circunscrevendo os processos de desenvolvimento das pessoas. Esta matriz é composta por elementos sociais, econômicos, políticos, históricos e culturais e é compreendida a partir da dialética inter-relação de elementos discursivos com as condições socioeconômicas e políticas nas quais as pessoas estão inseridas, interagindo e se desenvolvendo. Assim, a materialidade da matriz sócio-histórica passa a existir, por exemplo, na organização dos espaços, das rotinas, das práticas e dos discursos peculiares a um determinado grupo de pessoas e contexto, circunscrevendo os campos interativos, favorecendo certas organizações sociais, certos significados e sentidos (Rossetti-Ferreira; Amorim; Silva, 2004).

Na referida pesquisa, buscamos investigar as narrativas de crianças que foram adotadas, procurando conhecer alguns dos possíveis significados que elas constroem sobre seu processo de adoção. Para isso, a perspectiva teórico-metodológica da Rede de Significações foi nossa ferramenta para mapear os elementos relacionados ao processo de adoção das crianças ouvidas neste trabalho, tais como: os componentes pessoais, os campos interativos e os contextos, os quais se encontram dinâmica e dialeticamente inter-relacionados. Além disso, também foram incluídos neste mapeamento os aspectos da matriz socioistórica, os quais contribuem para significar a situação.

O contexto de adoção tardia possibilita conversar com a criança que está em processo de adoção, visto que, diferentemente das adoções de bebês, a criança, de um modo geral, fala, é capaz de descrever experiências anteriores e produzir narrativas sobre suas vivências. Assim, ponderamos se é possível conhecer melhor o processo de adoção, considerando a própria criança como uma importante fonte de informações. Dessa forma, consideramos as crianças como colaboradoras da pesquisa.

De acordo com Oliveira (1988), a negociação e construção continuada dos significados relacionados a si, ao outro e à situação como um todo ocorre através de uma coordenação de jogos de papéis no processo interativo. Assim, cada criança, no desempenho de seu papel de narrador, no contexto da entrevista, participa desse processo construindo significados baseados em sua história pessoal, fundamentados em outras interações, que vão ser retomadas no momento presente dos encontros.

Sendo assim, nesses jogos de papéis que levam a uma negociação e construção constantes dos significados, não só os "outros", mas também as crianças têm um papel ativo. A família se constitui e se define pela criança e pela própria família, ao mesmo tempo em que a criança se constitui e é definida *com* e pela família, em contextos socioculturais específicos.

A criança como colaboradora no processo de pesquisa

Durante muito tempo, as crianças estiveram presentes em processos de pesquisas. Porém, geralmente consideradas como *objeto* de estudo. Hoje, já se considera a criança como colaboradora de pesquisa, sendo *sujeito* com direito à voz.

Atualmente, ganham visibilidade os estudos que procuram compreender as experiências das crianças através do uso de informações construídas diretamente com elas. Áreas de estudos como a Sociologia, a Antropologia, a Pedagogia e mesmo a Psicologia, pautadas em transformações sociais das últimas décadas, discutem um conceito de criança como sendo alguém capaz, produtora de cultura e portadora de história. Dessa forma, a participação da criança como *sujeito* de pesquisa com direito à voz, tem sido motivo de crescente debate na literatura (Souza, 2005; Carvalho et al., 2004; Grover, 2004; Faria; Demartini; Prado, 2002; Castro, 2001; Christensen; James, 2000; Docherty; Sandelowski, 1999).

No entanto, é necessário refletir sobre o motivo de se considerar a voz da criança. Helen Roberts (2000) afirma que estimular a participação de crianças em pesquisas é hoje visto como uma condição *"sine qua non"* em prol da criança. Contudo, deve-se ter cuidado para que a razão de se incluir a criança seja realmente garantir o fortalecimento dos aspectos da pesquisa que irão beneficiar os interesses da própria criança. A autora faz uma distinção: *escutar* as crianças, *ouvi-las* e *agir* sobre o que a criança fala são três atividades diferentes. Para ela, as crianças sempre estiveram presentes entre nós, sempre existiram pessoas que as escutaram, que as ouviram, mas, talvez poucas pessoas tenham agido eficientemente sobre o que as crianças tenham dito.

Considerar a criança como ator social capaz, produtora de cultura e portadora de história, não necessariamente quer dizer que pesquisas com crianças devem ser desenvolvidas do mesmo jeito que pesquisas com adultos. É importante reconhecer que as crianças são potencialmente mais vulneráveis à relação de poder desigual entre pesquisador adulto e criança participante. Assim, as pesquisas com crianças são diferentes das pesquisas com adultos, principalmente por causa das percepções que os adultos têm sobre as crianças e não porque elas são intrinsecamente diferentes (Punch, 2002).

A entrevista é apontada na literatura como um procedimento que auxilia na construção do *corpus* de pesquisa, especialmente quando se deseja conversar com crianças sobre determinado fenômeno ou situação (Carvalho et al., 2004; Garbarino et al., 1992).

Em geral, é sugerido, na literatura mais recente, que uma das possibilidades de se desenvolver pesquisas com crianças seria mesclar métodos tradicionais usados com adultos e técnicas consideradas mais apropriadas para crianças. Assim, usando a entrevista como método tradicional, as crianças são abordadas da mesma forma que os adultos, podendo expor suas concepções. Por outro lado, em nossa cultura, crianças não são acostumadas a se comunicar com adultos não-familiares em situações individuais. Dessa forma, uma aproximação usando métodos baseados em atividades usuais para elas, como desenho e jogos, ajudaria a criança a se sentir mais confortável com o pesquisador (Punch, 2002; Delfos, 2001; Docherty&Sandelowski, 1999).

Nesse sentido, devem ser destacados alguns autores conhecidos do campo da Psicologia que, já há muito tempo, preconizavam o uso de jogos, brinquedos, desenhos e contos nas investigações com as crianças, como por exemplo: Jean Piaget, Melaine Klein, Winnicott.

Nesta pesquisa, interessamo-nos pelas narrativas das crianças sobre seu processo de adoção, visto que buscamos considerar os significados construídos sobre adoção por parte daqueles que a estão vivenciando. Assim sendo, optamos por entrevistar diretamente crianças com idade entre 4 e 7 anos, que tivessem vivenciado o processo de adoção tardia.

A construção do *corpus* da pesquisa

Seguindo o referencial da *Rede de Significações*, considera-se que a construção do *corpus* do trabalho se dá ao longo de todo o processo de pesquisa, não só no momento das entrevistas com as crianças, mas desde o meu primeiro momento de vivência com a situação pesquisada. Nesse sentido, considero ser importante contextualizar as condições de produção do *corpus* e por isso, narrar o caminho de investigação percorrido.

O trabalho foi autorizado pelo Juiz de Direito da Vara da Infância e da Juventude da cidade onde as crianças foram adotadas e foi aprovado pelo Comitê de Ética da FFCLRP – USP.

Para tanto, no início da pesquisa, visitei algumas vezes o Fórum, especialmente o setor psicossocial da Vara da Infância e da Juventude, visando apresentar o projeto de pesquisa à equipe interprofissional e solicitar a colaboração desta equipe para que me indicassem crianças recentemente colocadas em família adotante.

Em seguida, recebi uma indicação da primeira criança: um menino (*Billy*) de 7 anos, com um tempo de convivência na família adotante de 11 meses (todos os nomes apresentados neste livro são fictícios).

Um membro da Equipe do Fórum entrou em contato com a família adotante e explicou sobre a pesquisa, tendo, inclusive, esclarecido que tal pesquisa não teria nenhuma vinculação com o Fórum. Os pais adotantes desta primeira criança aceitaram a participação e autorizaram o profissional a passar o número do telefone deles para mim. E assim fiz o primeiro contato com essa família adotante.

Cabe ressaltar aqui que, depois de autorizado o trabalho pelos pais adotantes, a questão do sigilo das informações e anonimato das pessoas envolvidas foi reafirmada. No entanto, o trabalho só se efetivou a partir da apresentação da proposta de trabalho diretamente para a criança, e a aceitação desta em participar. Naquele momento, optei por conversar com a criança antes de coletar informações sobre seu histórico de vida no Fórum, deixando este procedimento para depois de finalizados os encontros com ele.

A segunda e a terceira criança (*Yasmim* e *Julia*, irmãs) foram indicadas por uma pesquisadora do nosso grupo de pesquisas que já acompanhava os pais adotantes, em virtude do seu trabalho de doutorado sobre a construção de sentidos relacionados à maternidade e à paternidade em uma família adotiva (Costa, N.R.A., 2005). Num primeiro momento, minha colega discutiu com os pais adotantes a possibilidade das crianças virem a participar desta pesquisa e, após a aceitação deles, estivemos juntas numa visita a sua residência, onde apresentamos a referida pesquisa e obtivemos o seu consentimento.

Questões éticas e desafios metodológicos

Durante o planejamento e o desenvolvimento da pesquisa, estivemos continuamente nos deparando com questões éticas e desafios metodológicos.

Uma das questões éticas que nos preocupou inicialmente foi o potencial de mobilização emocional da temática estudada. Cogitamos que estaríamos lidando com crianças que poderiam não querer falar sobre sua história de adoção (nesse caso a entrevista não seria realizada) ou poderiam ser mobilizadas em função da entrevista em si. No entanto, as crianças de que me aproximei aceitaram conversar e em geral mostraram-se disponíveis e favoráveis para falar sobre sua adoção. As entrevistas só se realizaram após o consentimento verbal da criança refeito a cada encontro. Além disso, nos preparamos para possíveis necessidades de encaminhamento para atendimento psicológico, contando com uma psicóloga clínica do grupo (CINDEDI) que realizaria o atendimento, diferenciando assim, o papel de pesquisadora e de psicóloga clínica.

Articulados a esta questão do consentimento da criança, ponderamos sobre o número de entrevistas a ser realizada com cada uma. Como discutem Punch (2002) e Docherty; Sandelowiski (1999), esta questão parece ser controvertida na literatura: alguns autores afirmam que as crianças pequenas se beneficiam de entrevistas repetidas, aprendendo como falar sobre o evento investigado; outros consideram que há possibilidade de a criança sentir que está errando nas respostas ao ser entrevistada mais de uma vez.

Optamos pela não realização de questionários (em que a criança ficaria respondendo questões) e sim pela realização de conversas abertas por acreditarmos que a criança pode aprender sobre seu processo de adoção ao falar sobre isso com a pesquisadora. Além disso, em nossa visão, a criança poder ter diferentes narrativas sobre o mesmo assunto em diferentes momentos. Portanto, não estávamos buscando respostas "certas", justamente porque não buscamos verdades.

Decidimos por seis encontros com cada criança, em intervalos de uma semana, o que correspondeu a aproximadamente dois meses. O primeiro encontro foi reservado para o convite, o consentimento e a apresentação do estudo e da pesquisadora; o último para o encerramento e despedida e os quatro encontros intermediários pretendiam abordar as temáticas que nos pareciam relacionadas à questão da adoção tardia: abrigo, adoção, família e escola. Defendemos a idéia de que as crianças podem se beneficiar com as entrevistas ao ter a oportunidade de conversar sobre seu processo de adoção e, para isso, um tempo mais longo seria necessário para garantir maior aproximação e o estabelecimento de um vínculo com a pesquisadora.

O momento de realização da entrevista com relação ao fenômeno estudado nos pareceu um tema polêmico também. Punch (2002) e Docherty& Sandelowski (1999) comentam que, enquanto alguns estudos apontam a necessidade de que a entrevista deve ser realizada logo após o evento investigado, no sentido de se garantir precisão e fidedignidade, outros estudos apontam a necessidade de tempo suficiente após a ocorrência do evento, para que este possa se tornar história e assim ser narrado.

Como não partilhamos de uma visão realista, não visamos a questão de precisão e fidedignidade, já que acreditamos que as narrativas são construídas em interação com a pesquisadora, num determinado momento.

Optamos por entrevistas domiciliares com crianças que tivessem vivenciado o processo de adoção tardia. No entanto, encontrar participantes para a pesquisa foi difícil, já que adoções tardias são mais raras do que a de bebês, desse modo, não estipulamos o tempo exato de colocação na família adotante.

A escolha por entrevistas domiciliares se deu por considerarmos que elas favorecem uma relação de proximidade não só com as crianças, mas também com a família. É possível compreender melhor as relações que acontecem nesse micro contexto, como também conhecer o local de moradia e a comunidade em que se inserem. Esses aspectos, sob nossa perspectiva, favorecem uma maior abrangência da investigação. Contudo, isso exige que o pesquisador saiba lidar com uma situação não estruturada que lhe fornece muitos elementos de análise.

A revisão da literatura também nos apontou a necessidade de flexibilizar os procedimentos planejados de acordo com cada criança, mantendo uma relação aberta a mudanças e considerando o momento de desenvolvimento que a criança se encontra, assim como o local da entrevista.

Conseqüentemente, isso só é possível ser feito após o primeiro encontro. Nossa experiência durante esta pesquisa nos orientou para a mesma direção: cada criança reagiu de maneira muito peculiar de acordo com a situação interativa com a pesquisadora e o primeiro encontro teve um papel decisivo não só na construção da metodologia a ser utilizada com cada criança, mas também na organização do *corpus*, o que será mais bem explicitado a seguir.

Os participantes: a pesquisadora e as crianças

Conforme o referencial da Rede de Significações, o *corpus* é construído através do processo de interação entre pesquisador e o fenômeno pesquisado. O pesquisador deixa de ser um mero observador, passando a ser parte do *corpus*, interagindo com o objeto de investigação, mobilizando e sendo mobilizado tanto na construção e organização do *corpus* como na análise do mesmo.

Sob nossa perspectiva, o pesquisador não é idealizado como alguém que, de fora da situação, produz conhecimento sobre ela. Ele está enredado nesse processo de produção da narrativa do participante, com suas interferências, sorrisos, posturas, ou com sua simples presença, e os discursos que essa presença evoca no participante. Sendo assim, antes de apresentar as crianças participantes desta pesquisa, escolhi começar por mim, pois conhecer algumas de minhas características se torna tão necessário quanto o conhecimento daquelas relativas às crianças:

Pesquisadora: Eu, Lilian, na época dos encontros com 36 anos, psicóloga, branca, casada, com uma filha de 4 anos, moradora de cidade média do interior de São Paulo.

Estava desenvolvendo minha pesquisa de mestrado sobre narrativas de crianças em processo de adoção tardia. Membro do grupo de pesquisas do CINDEDI/USP que investiga Acolhimento Familiar, Abrigamento e Adoção. As três crianças participantes da pesquisa foram "Billy"; "Yasmim" e "Júlia". Como já comentado, todos os nomes apresentados neste livro são fictícios. A seguir, as crianças são apresentadas de acordo com a entrada na pesquisa:

Criança 1: *Billy* era um menino de 7 anos, branco, estava morando com a família adotante há 11 meses (na ocasião do nosso primeiro encontro), cursando primeira série em uma escola estadual, num bairro de classe popular de uma cidade média do interior de São Paulo. Informações sobre sua história de vida, coletadas junto aos adotantes, eram imprecisas, mesmo quanto à idade: ele teve uma primeira colocação em família adotante que acabou em devolução. A atual família adotante era composta pelos pais, três filhos biológicos casados e dois netos, que residiam na mesma casa.

Criança 2: *Yasmim* era uma menina de 6 anos, parda, tinha uma irmã de 7 anos (também participante nesta pesquisa). Ela estava cursando primeira série em uma escola estadual, num bairro de classe média de uma cidade média do interior de São Paulo. Segundo informações coletadas junto aos adotantes, Yasmim e a irmã estavam no mesmo abrigo, aproximadamente por um período de 2 anos. O casal adotante teve um filho biológico logo após receber as meninas para adoção.

Criança 3: *Júlia* era uma menina de 7 anos, parda, irmã de Yasmim, cursando a primeira série na mesma escola da irmã, porém, em classe diferente. Ambas estavam morando com a família adotante há 2 anos e 1 mês (na ocasião do nosso primeiro encontro).

O procedimento: conversando com as crianças

Prefiro chamar de "*conversas*" as entrevistas individuais abertas com as crianças, porque assim, meus encontros com elas são definidos como sendo algo mais do que uma entrevista tradicional. Por "conversa" entendo estar embarcando numa relação dialógica com a criança, em que ela também é pesquisadora, podendo perguntar, colocar-se e, assim, entrevistadora e criança constroem juntas o *corpus* da pesquisa. Esta conversa envolve igualmente uma observação participativa, que pressupõe assistir, ouvir, refletir e envolver-me com a criança em atividades diversas, muitas vezes, propostas pela própria criança (Delfos, 2001; Mayall, 2000).

Gosto de pensar que, no momento em que converso com as crianças, elas podem estar aprendendo sobre si e construindo suas histórias. Nelson (2000) afirma que suas pesquisas:

> indicam que as crianças aprendem sobre si e constroem suas próprias histórias por meio da experiência narrativa com outros. Engajar-se na experiência narrativa é tomar uma perspectiva externalista sobre a experiência, e é essa perspectiva externalista que emerge através de descrições verbais e que constitui o Eu Objetivo da história de vida autobiográfica (p.191-192).

Dessa forma, considero a narrativa produzida durante esta conversa como uma experiência em si mesma, construída e situada na relação comigo. Assim, a narrativa é analisada como um ato de significação e um modo de discurso, e não meramente como uma representação da realidade. Ao mesmo tempo em que a criança narra, ela vai construindo significados. Nesse sentido, é interessante apreciar o que Bruner (1997) afirma:

> Nossa capacidade para transmitir experiência em termos de narrativa não é apenas um brinquedo de criança, mas um instrumento para produzir significado (...) Nosso senso do normativo é nutrido pela narrativa, mas o mesmo ocorre com o nosso sentido de violação e exceção. As histórias tornam a "realidade" uma realidade atenuada. As crianças, penso eu, são naturalmente predispostas pelas circunstâncias a começar suas carreiras narrativas neste espírito. E nós a equipamos com modelos e *kits* de ferramentas processuais para aperfeiçoar essas habilidades. Sem essas habilidades, nós jamais poderíamos suportar os conflitos e contradições que a vida social gera. Nós nos tornaríamos inadequados para a vida na cultura (p.85).

Para Bruner (1997), existem dois modos de pensamento para a compreensão do mundo: o modo *paradigmático* ou *lógico-científico*, em que procuramos compreender o mundo por meio de raciocínios lógicos e teorizações; e o modo *narrativo*, através do qual os eventos são explicados em forma de histórias organizadas no tempo.

Este autor ressalta a narrativa como um objeto de investigação privilegiado. Para ele, a narrativa constitui-se em um "veículo natural" para o que ele chama de psicologia popular (significados de si e do mundo que circulam no cotidiano, no senso comum) já que ela intermedia o "mundo canônico da cultura e o mundo idiossincrático dos desejos, crenças e esperanças". É nas interações sociais que elementos como personagens, ação e enredo são organizados em termos de seqüência, canonicidade e ponto de vista daquele que narra. A narrativa passa a existir enquanto instrumento para produzir significados, uma forma típica de esquematização da experiência e um meio da utilização da linguagem.

Assim, minha intenção era engajar-me em uma conversação com cada criança de maneira a estimular narrativas sobre sua história de adoção e a partir disso, conhecer alguns significados que estariam sendo construídos naquele momento comigo sobre seu processo de adoção. Este tipo de procedimento necessariamente coloca a criança (ou qualquer pessoa) numa posição de reflexão sobre a sua vida, num desdobrar-se sobre si; situação que expressa um duplo processo: ser sujeito de si e ser seu próprio objeto de investigação, o que caracteriza uma entrevista autobiográfica (Silva, 2003).

Para tanto, iniciei as conversas com as crianças apresentando-me como alguém que estava estudando adoção e que gostaria de conversar com crianças que foram adotadas para *aprender como é ser adotada*. Dessa forma, delimitei o próprio campo possível de produção de narrativas, colocando a criança na posição de quem havia sido adotada e que este seria o pretexto de nossas conversas. Esta foi a postura ética escolhida, de ser objetiva e honesta, por considerar que a criança precisa saber com clareza o que é esperado dela no processo de entrevistas e, assim, procurei interagir com ela como *sujeito* de pesquisa (e não *objeto*), e portanto, como colaboradora.

O gravador era introduzido como algo que seria utilizado em todas as entrevistas, se a criança permitisse (as crianças mostraram-se motivadas e curiosas quanto ao gravador, pedindo para ouvir sua voz). Após um breve aquecimento, uma das perguntas iniciais do primeiro encontro era aproximadamente assim: "Conta pra mim como você veio para esta casa?". O tema adoção era então discutido logo de início e, a cada encontro, a pesquisadora iniciava retomando o objetivo do estudo.

Meus encontros com as crianças foram facilitados por um material de apoio que consistiu basicamente de: folhas de sulfite; lápis preto e coloridos; cola; tesoura; revistas; fantoches de animais; uma casinha de madeira com mobiliário destacável; famílias de bonecos; uma lousa pequena; apagador; giz; carrinhos e animais de fazenda em miniatura. Em alguns momentos foram utilizados materiais das próprias crianças, quando solicitado por elas.

A seguir, apresento algumas fotografias do material de apoio básico.

No primeiro encontro com cada criança combinamos que seriam realizados seis encontros, com duração aproximada de uma hora e meia, em intervalos semanais, na própria residência da criança, em horários de escolha dos pais, em comum acordo comigo. As crianças receberam, neste momento, um papel contendo um quadro desenhado com o número exato de espaços que correspondiam ao número de encontros (um encontro por semana, ao longo de aproximadamente dois meses de trabalho). Assim, a cada encontro, eu marcava a data e apontava para a criança quantas visitas ainda faltavam. Dessa forma, a criança tinha uma visualização do número de visitas e também uma possibilidade concreta de controle do que ia ocorrer por ela mesma.

As conversas com as crianças aconteceram no quarto delas (visando maior privacidade), com exceção de um encontro com as meninas que aconteceu na varanda. Em geral, ficávamos sentados no chão, um de frente para o outro, com o gravador perto e o restante do material ficava guardado numa bolsa até o momento que julgava adequado utilizá-lo.

Para os encontros com Billy (primeira criança entrevistada), levei todo o conjunto de materiais a cada encontro, inclusive já no primeiro, deixando-o escolher aquele que ele gostaria de utilizar. No entanto, ao terminar o processo de entrevistas com ele, percebi que poderia selecionar os materiais de apoio para cada encontro de acordo com temas pré-estabelecidos e, assim, poderia evitar uma sobrecarga de estímulos para a criança.

Sendo assim, os procedimentos dos encontros com as próximas participantes da pesquisa foram redimensionados. Optei por levar para o primeiro encontro com cada uma das *meninas*, além do gravador, somente folhas de sulfite, lápis pretos, coloridos, borracha e apontador. O objetivo deste primeiro encontro era estabelecer uma conversa inicial e avaliar esse momento interativo, para então, planejar os demais encontros a partir dessa conversa inicial. Foi assim que acrescentamos um tema relacionado à adoção para cada encontro e a construção de um livro para o último encontro (o que será melhor explicitado a seguir). Os temas a serem conversados foram distribuídos de acordo com uma ordem que me pareceu corresponder à seqüência apresentada pelas crianças durante a primeira conversa. Assim, no segundo encontro propus o tema *Abrigo*, visto que as crianças haviam se apresentado inicialmente como tendo vindo de um abrigo. No terceiro encontro, o tema *Adoção* foi abordado por representar a passagem do abrigo para a família adotante. O tema *Família* foi deixado para o quarto encontro, em virtude de ter percebido, após a primeira conversa com as meninas, que este seria um tema mais tenso, pois havia uma expectativa por parte das meninas de que eu estaria ali para avaliar se elas *gostavam* da família em que estavam colocadas. Esta é uma expectativa que reflete uma confusão do papel de pesquisadora com o papel que os técnicos do Fórum exercem, ou seja, de inspeção e que é permeada por uma insegurança sobre a permanência naquela família*. Por fim, o quinto encontro abordou o tema *Escola*, já que se trata de um importante contexto que faz parte da rede de relações das crianças.

No último encontro, nós construímos juntas um livro com as cópias coloridas dos desenhos produzidos nos encontros. A partir da experiência com Billy, percebi que seria importante garantir uma devolução mais concreta sobre as nossas conversas (marcadas pelas histórias de vida delas) e deixar um registro deste trabalho para as próprias crianças. A fim de registrar

* Os pais ainda estavam com a guarda provisória.

a produção do livro, os desenhos finais da capa dos livros foram fotografados .

Resumindo, apresento a seguir, a **Tabela 1** sobre os encontros com as meninas, na qual é possível visualizar os temas e materiais de apoio utilizados.

Tabela 1 – Encontros com as meninas: temas e materiais de apoio

	Temas	Materiais	Desenhos	Fotografias
1º. ENCONTRO	Apresentação	Gravador, papel e lápis	Desenho Livre e história	Não
2º. ENCONTRO	Abrigo	Gravador, famílias de bonecos, papel e lápis	Desenho do abrigo e história	Sim (montagem dos bonecos)
3º. ENCONTRO	Adoção	Gravador, fantoches de animais, papel e lápis.	Desenho sobre adoção e história	Não
4º. ENCONTRO	Família	Gravador, casinha de boneca e família de bonecos, papel e lápis	Desenho da família e história	Não
5º. ENCONTRO	Escola	Gravador, lousa, giz, apagador, cadeiras em miniatura e bonecos, papel e lápis	Desenho da escola e história	Não
6º. ENCONTRO	Encerramento	Gravador, cartolina colorida, pasta plástica, cola, glíter, lápis, xérox coloridos dos desenhos	Desenho da capa do livro e montagem do livro e título.	Sim (capa do livro)

De uma maneira geral, as conversas com as meninas começavam com questões instigadoras para provocar narrativa espontânea e, depois, eram feitas questões mais direcionadas para assuntos não abordados espontaneamente. O material de apoio foi introduzido depois de um tempo de conversa, como uma atividade. No final da atividade, recapitulava-se junto com a criança o que havia sido conversado naquele dia e então, solicitava-se um desenho final sobre o tema do dia, acompanhado por uma história e um título. Em todos os encontros, eu levei máquina fotográfica para registrar as produções (desenhos, arranjos dos bonecos etc.), não sendo as crianças fotografadas em respeito ao sigilo ético.

Os pais adotantes das três crianças foram entrevistados, individualmente, nas suas residências, em horários e dias escolhidos por eles. Estas entrevistas foram abertas, os pais foram convidados a contar sobre a decisão de adoção e sobre o andamento do processo de adoção. O objetivo deste procedimento era investigar como estava sendo o processo de construção da rede de relações da família e como os pais estariam posicionando estas crianças dentro da rede. Logo após cada encontro, foram registradas reflexões, situações e observações da pesquisadora em suas "notas de campo". Aspectos relacionados à comunicação não-verbal das crianças, tais como movimentos corporais, olhar, gestos e expressões faciais também foram anotados, assim como conversas informais com os membros da família. Portanto, estas notas de campo foram compostas tanto por elementos descritivos como reflexivos que eu acumulei nos encontros.

Foram realizadas as transcrições integrais dos encontros com as crianças e das entrevistas com os pais, visando a análise do *corpus* da pesquisa e posterior arquivamento do material junto ao Banco de Dados do CINDEDI.

Conforme descrito, o *corpus* empírico da pesquisa foi composto pelas conversas com as crianças (incluindo suas narrativas sobre as produções com o material de apoio e as fotografias), pelas entrevistas com os pais, minhas notas de campo e pelas entrevistas como a equipe técnica do Fórum. Cabe esclarecer que os desenhos foram utilizados exclusivamente para facilitar mais um tipo de narrativa e linguagem da criança e não como instrumento de diagnóstico de psicológico. Finalizada a explicitação das condições de produção do *corpus*, chegou o momento de passar para sua análise. No entanto, faz-se necessário explicitar as condições de produção de sua interpretação.

A organização do *corpus* para análise

Finalizada a fase inicial da construção do *corpus* da pesquisa, passamos ao que o referencial da Rede de Significações entende ser o "terceiro momento" da pesquisa: a análise do *corpus*. Este momento se caracteriza por um movimento de ir e vir no *corpus*, num diálogo contínuo com os referenciais teóricos relacionados ao tema investigado e com as interpretações feitas pelo pesquisador. Como já mencionamos, segundo a perspectiva teórico-metodológica da *RedSig*, os dados não são "*dados*" (concedidos), são construídos não só na situação de entrevista, como também no momento em que se elegem os recortes a serem analisados.

Assim, a tarefa interpretativa vai estar intrinsecamente conectada com a rede de significações do pesquisador e com a possibilidade de explicitar os passos da análise do material de modo a propiciar um compartilhamento com a comunidade científica. O pesquisador, além de ser um participante ativo no momento da entrevista, é também um produtor do relato sobre as informações levantadas. O *corpus* da pesquisa é apresentado por um discurso que carrega singularidades e especificidades do pesquisador que relata e constrói a sua abordagem (Rossetti-Ferreira; Amorim; Silva, 2004).

Cabe então retomar a apresentação da pesquisadora enquanto "participante" da pesquisa e especificar um pouco mais algumas singularidades que permeiam a rede de significações da mesma: "Eu, Lilian... **Psicóloga,** membro do CINDEDI e continuamente dialogando com o GIAAA, *com experiência prévia em psicologia clínica e hospitalar, tendo atuado em consultório particular, ambulatórios e enfermarias de pediatria.* **Mãe** *com o costume de assistir a filmes infantis e ler histórias* com a filha que no momento da redação deste livro está com 8 anos".

Nesse sentido, o que será apresentado neste livro é o caminho que eu percorri, e é claro que este é um dos caminhos possíveis. O material é extenso, com muitas possibilidades de análise, até porque, as crianças conversaram comigo sobre muitos assuntos, e observações surgiram não necessariamente atreladas ao processo de adoção. Contudo, fez-se necessário eleger opções levando-se em conta o objetivo da pesquisa: *investigar a perspectiva da criança sobre seu processo de adoção*. Considerando o nosso interesse, algumas narrativas das crianças ganharam relevo em função de representarem a história de sua adoção. Foram momentos em que as crianças falaram da passagem para a família adotiva, de onde vieram, da sua estadia no abrigo, de lembranças ou silêncios sobre a família biológica, como também do relacionamento com a atual família adotiva.

Seguindo essas falas, que me sugeriram três momentos na vida dessas crianças, três momentos do processo de adoção tardia (a separação da família biológica, a vivência no abrigo e a passagem para a família adotiva), procurei identificar significados para estes três momentos construídos pelas próprias crianças em interação comigo. Assim sendo, a análise foi construída levando-se em consideração esses três momentos na vida dessas crianças, uma vez que nosso interesse refere-se exatamente ao processo de adoção na perspectiva da criança. A seguir, discutirei detalhadamente como organizei o *corpus* da pesquisa.

Procedimentos de análise

As entrevistas feitas com as crianças e com os pais foram transcritas e arquivadas no computador, assim como as notas de campo. Cada entrevista foi revisada posteriormente pela entrevistadora, a qual acrescentou marcas de tom de voz, expressões físicas, momentos de silêncio, visando registrar, na medida do possível, os componentes não-verbais das conversas.

Em seguida, o *corpus* foi reunido em pastas separadas no computador, de maneira que fosse possível uma leitura contínua e longitudinal do material de cada criança. Nesta fase, realizei uma outra escuta das gravações originais, efetuando uma leitura flutuante, atenta a todos os temas que emergiam, buscando assim, "escutar atentamente" cada criança. Foi então que a primeira entrevista destacou-se, por reunir e, ao mesmo tempo demonstrar, as principais características das crianças e a dinâmica da interação estabelecida entre participante e pesquisadora.

A análise das primeiras entrevistas apontou alguns significados que foram construídos em conversa com as crianças naquela situação de pesquisa. Tanto Billy, quanto as meninas, questionados por mim, contaram sobre sua vivência no abrigo e da passagem para a família adotiva. As meninas ainda incluíram a história familiar prévia, narrando sobre a saída da família biológica e a entrada no abrigo. Tendo como fio condutor esta linha narrativa construída pelas crianças em interação comigo, procurei destacar nas transcrições das entrevistas (o que inclui também os desenhos e as histórias produzidas, assim como as fotografias) e nas notas de campo, momentos que propiciassem maior visibilidade às significações relacionadas ao processo de adoção.

Assim, elaborei um resumo da primeira entrevista de cada criança para investigar o jeito de cada uma, quais conteúdos conversados e como eles se desenvolveram ao longo da entrevista. A entrevista é um processo interativo, dialógico, em que as características de cada criança, assim como da entrevistadora, influem no desenvolvimento desta conversação.

Depois da elaboração dos resumos, voltei para a leitura de todas as entrevistas, porém, desta vez, pensando nas falas das crianças sobre seu processo de adoção durante o primeiro encontro. Ou seja, a partir da elaboração do resumo das primeiras entrevistas, ficaram delineados alguns eixos temáticos (abrigo, famílias e adoção) em função de como as crianças se manifestaram em relação ao tema principal da pesquisa: o processo de adoção.

Uma das características da perspectiva da *RedSig* é o aprofundamento do material em diferentes momentos. Neste primeiro momento da organização do material de pesquisa, o princípio organizatório criado para eleger os recortes para interpretação foi a eleição desses eixos temáticos que me auxiliaram a "filtrar" o *corpus* da pesquisa.

A partir desse momento, passei a rastrear todas as entrevistas, buscando selecionar falas sobre o abrigo, as famílias e adoção. Selecionei recortes em cada entrevista (considerando desenhos e fotografias) que foram transferidos para um arquivo geral de recortes, agrupados por criança. Todos os recortes selecionados são compostos por falas da entrevistadora seguidas pelas falas da criança e assim por diante. Os recortes que apresentarei contêm partes marcadas em negrito para destacar o que discutirei.

Uma vez selecionados os recortes e tendo sempre em vista a interlocução com o objetivo da pesquisa, passei a analisá-los levando em consideração quatro linhas de orientação (que não se dão de forma independente, mas que é importante que sejam reconhecidas suas especificidades):

1. Levantamento de significados construídos e relacionados ao processo de adoção. O interesse ao olhar para os recortes era buscar conhecer como acontecia o processo de adoção na perspectiva da criança. Do ponto de vista da *RedSig*, consideramos as significações oriundas de duas redes interligadas: aquela relativa aos significados construídos para as experiências vividas; e aquela relativa às especificidades do momento interativo da entrevista, incluindo a relação com a entrevistadora.
2. Identificação de tensões, quebras no fluxo da conversação, sinais de transição e mudança, associados a elementos de circunscrição e resistência; ou seja, identificação de indícios que podem sugerir a construção de novos significados relacionados aos eventos narrados.
3. Apreciação das diferentes formas de narrativas produzidas pelas crianças em interlocução com a pesquisadora. As diferentes linguagens e narrativas pelas quais a criança se expressa devem ser exploradas. A criança expressa seu modo particular de pensamento através de diversas modalidades de comunicação: ela pode contar, imaginar, brincar, imitar, cantar, desenhar... Buscando considerar este modo peculiar da criança de se comunicar e expressar no mundo,

entendemos que, não só o material de apoio das conversas com as crianças deve ser variado e propiciador desses diferentes tipos de narrativas, mas também o processo de análise deve ser aberto e flexível para que seja possível ouvir e acolher diferentes formas de linguagem e de narrativas da criança. Em minha experiência, verifiquei que trabalhei com diferentes formas de narrativas das crianças: aquelas provocadas pelas minhas perguntas; aquelas que aconteceram durante a atividade proposta (casinha de bonecas, fantoches etc); aquelas produzidas durante e após o desenho (histórias e títulos); e por fim, aquelas a que chamei de espontâneas, introduzidas pelas próprias crianças.

4. Articulação dos significados construídos com os discursos institucionalizados, tanto constituídos no nível macro dos sistemas políticos e disciplinares, como no nível mais restrito de grupos sociais. Por exemplo: a Psicologia, a Sociologia, a Antropologia, a História têm seus discursos oficiais. Assim também, diferentes grupos sociais têm seus discursos. Portanto, as narrativas das crianças sobre seu processo de adoção podem estar refletindo discursos institucionalizados como, por exemplo, do Sistema Judiciário; do abrigo; da cultura brasileira de adoção; das concepções psicológicas sobre abandono e institucionalização, da própria família adotante, entre outros.

capítulo III

A PERSPECTIVA DA CRIANÇA SOBRE SEU PROCESSO DE ADOÇÃO

A análise do corpus da referida pesquisa será apresentada em três partes, de maneira a respeitar a história de cada criança. Penso que, olhando para o que as crianças narraram, é possível pensar no processo de adoção a partir do lugar da criança. Porém, gostaria de enfatizar que, ao pensar no processo de adoção a partir dessas crianças, estamos nos baseando nas narrativas construídas por elas, em interação comigo, no período em que foi desenvolvida esta pesquisa, naquele momento de sua inserção na família adotiva. Assim, não pretendo estabelecer sentidos de verdade, tampouco, de universalidade do *corpus* de pesquisa. É com esta perspectiva que me proponho a discutir adoção tardia neste livro.

Passo, então, a apresentar alguns trechos das minhas conversas com Billy, Yasmim e Júlia.

Apresentando Billy: dois momentos singulares...

Entrevista 1 – (19/12/03) Desenho "Presente"
    B: Ah, esqueci de te mostrar... (Billy sai do quarto)
    L: O que você vai me mostrar?
    B: É um presente que eu truxe pra você...(Billy volta)
    L: Presente pra mim?
    B: Presente pra você.
    L: Deixa eu ver.
    B: Tchan ran... Tchan tchan ran ran...Tchan tchan ran ran....Tchan tchan ran ran...! (Entrega este desenho)
    L: Olha....! Posso ver?
    B: Pode
    L: Obrigada "Billy"!
    B: É pra você!
    L: Nossa ! E quem fez?
    B: Eu.

L: Você mesmo? Senta aqui do meu ladinho, vamos conversar, conta pra mim o que é esse desenho que você está me dando...

B: Um navio, eu fiz o capitão, fiz o ... negócio... eu fiz a vela ...Eu fiz o moço, fiz isso, fiz esse sol, a menina entrando, fiz as som...aquele lá, como que chama aquele desenho? (L: A Lua e as estrelas?)

B: É, é a lua e as estrelas...esse robô aqui conseguindo matar esse capitão...

L: Ah... e por que esse robô quer matar esse capitão?

B: Ele vai salvar a vida do capitão, porque esse daqui vai... tem um lápis de cor? Para te mostrar como é que faz?

(Entrevista 1 – Linhas: 108 a 129)

Eu sou um Ratuna Matata: ♪Ratuna Matata...é lindo Disney...você vai entender...os seus problemas...você deve esquecer...Isso é viver... é aprender... Ratuna Matata....Ratuna Matata...Ratuna Matata... Ratuna Matata... você vai entender... os seus problemas ...você deve esquecer... isso é viver... é aprender... Ratuna Matata... Ratuna Matata... você vai entender... ♪

(Billy - Entrevista 1 – Linhas: 716 a 737)

Billy tem a pele branca, estava com cabelos castanhos cortados bem curtos. Ele era um menino de estatura média em relação à sua idade (7 anos), magro e tinha os olhos (castanhos) muito atentos: acompanhavam todos os meus movimentos, assim como os da casa.

Durante os encontros, Billy interagiu comigo com facilidade, olhando para mim quando falava comigo, comunicando-se espontaneamente e sorrindo. Billy falava em tom normal de voz na maioria das vezes, mas também, falava alto nos momentos em que expressava alguma ênfase, principalmente quando estava brincando. Todas as vezes que brincou com os fantoches, escolheu o leão e alterou a sua voz, falando mais grosso. Ao conversar comigo, Billy mostrou-se muito ativo, explorando todo o material de apoio, dirigindo as brincadeiras e histórias, criando enredos, encenando, enfatizando continuamente o quanto era esperto e forte. Contudo, foi preciso inserir perguntas no meio das brincadeiras para que o tema adoção pudesse vir à tona, pois era como se Billy estivesse atentamente comandando as atividades para evitar narrativas sobre seu processo de adoção. Muitas vezes, ele mudava de assunto deliberadamente, ou simplesmente dizia que não queria falar, especialmente quando questionado sobre suas vivências anteriores ao abrigo.

O casal adotante é Marlene (45 anos) e Rochester (48 anos) que residiam numa casa com outros filhos já casados e netos.

No primeiro contato com os pais, estes informaram que haviam recebido recentemente o registro de adoção definitivo e fizeram questão de afirmar que, independentemente do registro, a idéia sempre foi ficar com ele para sempre, se assim ele quisesse. Quando questionados sobre a motivação para adoção, relataram que esta surgiu a partir do momento que o terceiro filho se separou e a neta foi levada pela mãe para outra cidade. No cadastro do Fórum, optaram por uma menina de até três anos. Porém, logo em seguida, foram chamados para pensar na possibilidade de adotar um menino de 6 anos e, então, quiseram conhecê-lo imediatamente. "Aí tudo aconteceu rápido, olhares, visitas, decidimos ficar com ele" (Marlene – entrevista inicial). Ao falar dessa época, Marlene mostrou-se entusiasmada, sorridente, descontraída.

Quanto ao Billy, relataram que este, inicialmente, tinha pesadelos, acordava chorando e gritando de noite. Ele perguntava sempre pelas "moças do Fórum", sobre as correspondências do Fórum que chegavam, parecendo preocupado com seu processo de adoção. Billy não falava de nenhuma família, apenas dos amigos do abrigo. Contaram também que Billy se empenhava em ajudá-los nos serviços da casa, sendo necessário Marlene insistir dizendo a ele que não era necessário ajudá-la, pois ele era "da família". Na escola, apresentava grande dificuldade de permanecer em sala de aula, não conseguia acompanhar a classe, não sabia escrever nem pintar, apesar de ter feito dois anos de pré-escola. Haviam combinado com a diretora da escola que ele ficaria só algumas horas na escola, saindo mais cedo, até se adaptar. Marlene contou que um dia, a neta Josiane pediu papel e lápis para desenhar e Billy a acompanhou na atividade. Foi então que observaram que ele sabia fazer alguma coisa, e que, assim sendo, entendiam já estar na hora dele freqüentar a escola em período regular.

Depois de finalizar os encontros com Billy, procuramos por informações sobre sua história anterior. Segundo informações coletadas em entrevista com um membro da Equipe Interdisciplinar do Fórum, Billy inicialmente havia sido colocado num abrigo aos três anos de idade, por negligência e abandono da família.

Após um mês no abrigo, Billy com 3 anos e 11 meses, foi colocado em uma família adotante. Tratava-se de um casal que havia feito cadastro no Fórum com opção para bebês até 1 ano. O casal foi chamado para conhecer a criança no abrigo, tendo manifestado interesse em adotá-lo. Casados há 4 anos, com história de infertilidade, a mulher tinha 29 anos e o marido, 36 anos. Ao retirarem Billy do abrigo, eles já suspeitavam de uma possível gravidez. Mesmo assim, mudaram de apartamento para receber Billy, colocaram-no numa escola infantil em menos de uma semana de convivência. Na escola, Billy inicialmente demonstrou fácil adaptação. Porém, após um período, começou a chorar com medo dos pais não irem buscá-lo. Fui informada de que, na entrevista de acompanhamento (depois de 2 meses colocado – Billy já com 4 anos), a mãe adotiva se referia a ele como "o menino". A Equipe Interdisciplinar marcou nova avaliação depois de 8 meses, prevendo o nascimento do filho biológico do casal. Porém, antes da data prevista, o pai procurou o setor psicossocial do Fórum para pedir ajuda. Nesta época, o bebê já estava com 2 meses. O pai queixava-se de que Billy fazia constantes referências à mãe biológica, apresentando birras e crises de choro durante a noite. A família foi encaminhada para atendimento psicológico. Uma semana depois, o pai ligou desejando devolvê-lo. A orientação da Equipe Interdisciplinar foi dada no sentido de voltarem ao abrigo, porém eles ainda ficaram mais algum tempo com Billy antes de devolvê-lo.

Após um ano e meio de convivência com aquela família adotante, Billy voltou para o mesmo abrigo. Nesta época, estava com 5 anos. Já no abrigo, o relatório psicossocial apontou que Billy estava adaptado às regras da instituição, porém triste, com momentos de isolamento, tendo sido encaminhado para atendimento psicológico. Um ano depois, foi colocado em guarda provisória com a atual família adotante (Marlene e Rochester).

Conversando com Marlene e Rochester

Em entrevista com Marlene, esta contou que a idéia da adoção sempre esteve presente para ela e para o marido, em função de ter feito laqueadura muito cedo (aos 22 anos). Mencionou a Religião Espírita para dizer que gostariam de ter filhos "até quando pudesse". Porém, este desejo foi postergado diante de cuidado intenso com os três filhos. O "sonho de adotar uma criança" (expressão usada por Marlene) foi retomado recentemente pelo marido que assinalou que a neta não era filha deles e que, então, deveriam repensar a idéia de adoção: "Não é questão de substituir a Josi. Cada um é um... mas ela não é nossa". Marlene ainda comentou entusiasmada que recebeu dois telefonemas oferecendo crianças para adotar, pois seu nome ainda permanece no cadastro geral de adoção e que chegaram a pensar na possibilidade de adotar mais crianças. Porém, ponderaram em função da situação financeira e do período de adaptação do Billy.

Em entrevista final com o pai, Rochester, este enfatizou que sabia que seria "fatal" a saída da neta. Estava prevendo a separação e, por isso, teve a idéia de retomar "o sonho de adotar uma criança" (expressão também usada por ele). Na ocasião em que a neta foi levada para outra cidade, Billy já estava com eles há uma semana. Comentou sobre o desejo por uma menina e disse ter ficado preocupado com a idade de Billy, comentando: "eu sempre achei que a criança novinha pega um grau de amor pelos pais (...) o que aconteceu com uma criança fica gravado lá no passado dela... e nós sofremos esses traumas até hoje...". Rochester ainda afirmou "mas hoje até esqueço que ele é adotado. Antes tratava como estranho, agora, quando vai buscar na escola, ele vem te abraça...fica agarrado... está sentindo que tem um pai, uma mãe que cuida dele".

Em geral, tanto os pais, como Billy, sempre me receberam abertamente, muito disponíveis para conversas. Na ocasião do sexto encontro, Josiane estava na casa, conversei inicialmente com Billy e depois, com ele e Josiane juntos. Neste encontro, foi possível constatar que o vínculo estabelecido entre Josiane e Billy era caracterizado por um encantamento recíproco. A seguir, apresento o desenho feito por Billy para Josiane, com uma mensagem que ele ditou para que eu escrevesse na folha do desenho:

Entrevista 6 – (12/3/04) Desenho: "Josiane"

Josiane: "Eu adoro brincar com você. Eu te amo.
"É a rainha mais poderosa de todas."

Durante as conversas comigo, Billy construiu um significado bastante peculiar a respeito da sua saída do abrigo, o que pode ser conferido nas seguintes falas:

Conversando com Billy

L: Como você veio para essa casa, como que aconteceu?
B: Eu tava no X (cita o nome do abrigo) ... minha mãe trouxe um pouquinho de doce pra mim comer, né. Mas

eu comi, aí depois **ela trouxe alguns dinheiro e pagou o cheque e vim aqui.**

(Entrevista 1 - Linhas: 38 a 41)

L: Como é que você veio parar nessa casa?
B: Minha mãe deu um dinheiro, aí, eu vim aqui.
L: Pra quem que ela deu dinheiro?
**B: Pro moço. O moço se chamava... guarda!
(...) Esse dinheiro deixava aí. Aí... ela adotou eu!**

(Entrevista 3 – Linhas: 51 a 60)

L: É...você também já me contou, o que acontece se uma criança não é adotada, ela fica lá no X (cita o nome do abrigo), ela fica até quando lá no X?
B: Monte! Quando ela não tem cartão, fica um monte lá.
L: O que que é cartão?
B: *Fica de castigo..* (fala simultânea).
L: O que que é cartão?
B: Cartão faz assim e o moço deixa pegar as crianças (fez sinal como se passasse cartão magnético).

(Entrevista 5 – Linhas: 232 a 238)

Billy manifesta-se logo no início da primeira entrevista contando que estava num abrigo, revelando, portanto, um momento da sua vida anterior à adoção atual e um momento do seu processo de adoção tardia. Ao narrar a sua saída do abrigo, Billy vai construindo um significado de transação comercial para a adoção[2]. Ele explica a saída do abrigo como se as crianças estivessem ali, aguardando alguém para comprá-las ou, em outras palavras, retirá-las do abrigo. Podemos perceber que esta foi sua primeira explicação na entrevista inicial e este mesmo significado voltou a aparecer na terceira e quinta entrevistas. Na quinta entrevista, ele

[2] É importante lembrar que não atribuímos sentido de realidade para as narrativas, a "transação comercial" é um significado que Billy construiu naqueles momentos em interação comigo.

acrescentou o detalhe do cartão, e enfatizou que as crianças ficam muito tempo no abrigo.

Billy constrói também significados relacionados à adoção:

L: Então, me fala uma coisinha, o que que você entende... o que que é isso pra você? Quando uma criança é adotada, o que que é isso?
B: Quando uma criança é adotada?
L: É. Por que que acontece isso?
B: Porque... porque... **quando fica no X, às vezes fica ruim ficar lá. Fica ruim aí depois fica, fica dando trabalho.** As pessoas ficam mijando lá, fazendo cocô na cama, aí, eu dormia... Aí que vem o cheiro bem ruim lá, fui lá entrei pro banheiro e já tomei banho, rapidinho. Aí, a professora falou assim pra mim: "Billy, por que que tá tomando banho?", "Ah, porque... é porque hoje tem psicóloga, aí, eu..."

(Entrevista 5 – Linhas: 24 a 33)

O significado construído neste trecho de conversa com Billy é que a adoção acontece porque é ruim ficar no abrigo. O que é ruim é exemplificado com situações que sugerem falta de cuidados com a higiene. Parece que a adoção é importante para sair do abrigo. Aqui, fico com uma pergunta: se o abrigo não fosse ruim, as crianças não precisariam ser adotadas?

A idéia de que a adoção é uma forma de ser acolhido e de passar a fazer parte de uma família, não é apresentada por Billy neste momento. Cabe retomar que Billy já foi devolvido após um longo estágio de convivência com uma família adotante. Trazer sentidos sobre a importância do vínculo poderia ser insuportável. Deixar a adoção ligada a cuidados concretos e a lugares físicos talvez seja uma forma de sobrevivência para lidar com o mais angustiante: a necessidade do outro.

Dando continuidade às significações sobre o abrigo, apresentamos a seguir, algumas falas de Billy que descrevem o abrigo:

L: E como era lá no X? O que você fazia lá?
B: *Ruim!* (tom alto)
L: Ruim... Por que era ruim?
B: Tinha **brinquedo quebrado, tinha gente que me batia...**
L: Quem que te batia?
B: Tinha **aula ruim, professora ruim,** nem deixava eu ir no banheiro...
      (Entrevista 1 -Linhas: 44 a 49)

L: E como é que é? O que você lembra? Como é que era antes?
B: Ah?
L: Quando você não morava aqui? Onde você morava?
B: **No X,** ó! (enfático)
L: E aí? Como é que era lá pra viver?
B: **Ruim!**
L: Como é que era ruim? Conta um pouquinho, explica algumas coisas que você lembra, que cê quer contar... (fala simultânea)
B: **Ruiiimmm! Tava muito ruim!**
L: É?
B: **Ruim, chato!**
L: Por que chato? Como que era esse chato?
B: Hum... ah... meu Deus! Chato!
L: O que acontecia lá?
B: Eles brigavam... **dralelé, dralelé, dralelé...**
L: Com quem que você mais brincava lá? (fala interrompida)
B: Jogava pedra no telhado...

L: É? Com que que você... (fala interrompida)
B: Jogava pedra no telhado, brigava lá, brincava bastante. Aí, o brinquedo quebrava lá, **brabrabrá, brabrabrá, brabrabrá...**
L: E com quem você brincava lá? Conta pra mim, com quem você brincava lá?
B: Deixa eu lembrar o nome.

(Entrevista 3 – Linhas: 11 a 32)

L: E aí, o que acontece com as crianças que não são adotadas lá no X?
B: Que não são adotadas?
L: É.
B: Fica brigando, batendo nos outros... fica brincando de BeyBlade[3], mas a minha Beyblade é a única que tem, ganho de todas.
L: Uhn...
B: É ela que manda no lugar.
L: Uhm...
B: Minha Beyblade manda ni tudo, eu sei fechar... (interrompeu a fala)
L: Uhnm. E antes de ir pro X, onde que você morava?
B: Onde que eu morava?
L: É, antes de ir pro X? Você lembra?
B: Lembro.
L: Onde que era?
B: Onde que era?
L: É.
B: **Era X** (cita o nome do abrigo)
L: E antes do X?
B: É *aqui*.

(Entrevista 4 – Linha: 904 a 922)

[3] BeyBlade é um brinquedo que funciona como um pião. As crianças fazem competições de BeyBlades.

B: **Eu quero ficar aqui**, mas... Eu fui lá no X, eu resolvi falar um oi pro meu amigo que chama Mário e Roberto. Aí, eles falaram: "Assiste Robocop". **Não! Eu tenho que ir embora. Ficar lá a noite inteira!?** (Ênfase)
(...)
B: É, Robocop **lá é chato.**
L: E aí o que você falou pra eles?
B: Aí... Aí, depois **eu falei que eu fui embora e não vou voltar mais lá, nunca mais!**
L: Você não quer voltar pro X?
B: Aí, o outro chegou lá e falou que vai sentir **minha saudade** e quer que eu volte lá, você acredita?! (ênfase)
L: Ué! Acredito, é sinal que ele gostava de você. E você? Sente falta dele? (fala interrompida).
B: Então, eu vou lá, fico só um dia lá e **aí eu volto pra casa.**
L: Isso... (...) E você sente falta de lá? Do X? Você sente saudade?
B: Sinto saudades na hora que eu vou pra lá, aí... aí eu sinto saudades daqui.
L: Daqui. Você gosta de estar morando nessa casa?
B: Gosto.

(Entrevista 5 – Linhas: 48 a 70)

L: O que acontece com uma criança que fica lá no X?
B: Ah... o que acontece? Bem, pode fazer... ele vai lá na rua, faz alguma arte, eles fazem um monte de arte!
L: Que tipo de arte?
B: Ele pega um fósforo, queima a cama...
L: Ahn...
B: Já queimou a minha cama já.
L: É?
B: Já.
L: Quem que queimou?

B: É... passou na televisão isso.
L: Ahn...
B: Mas é xereta mesmo, cabeção mesmo! Já pensou pegar fogo neles?!
L: Pois é, perigoso, né?
B: Queimou tudo o sapato. Aí, vai ficar sem sapato e eles vai ver o que... vai pegar resfriado neles. Aí, ficou sem camisa, vai vestir a mesma roupa que ganhou, vai vestir a mesma roupa que... que... Ô! **Me diga, você gosta de uma música? Você gosta de música?**

(Entrevista 5 – Linhas: 131 a 148)

A repetição da qualificação ruim para o abrigo sugere um significado predominantemente negativo. Billy exemplifica com situações vivenciadas, parece que ficar no abrigo é viver situações de perigo, o que denota um sentimento de desproteção. Além disso, diante dessas falas, observamos sua maneira de responder ao que lhe era perguntado, sendo, na maioria das vezes, reticente, procurando abortar a conversação. No recorte da entrevista 4, Billy deixa claro que está disposto a falar somente do abrigo e da atual família adotante (antes era o abrigo, antes do abrigo é aqui), ignorando o que existiu antes do abrigo.

Essa maneira de se expressar sobre seu passado (abortando a conversação, se negando a falar) evidencia um processo ativo de silenciamento. Orlandi (1992), comentou que há um sentido no silêncio, podendo estar relacionado com questões históricas ou ideológicas. Billy estava demonstrando que não queria falar do que houve antes do abrigo. Isso nos remete à sua história de adoção anterior que não deu certo e que pode estar permeando esse silenciamento.

Já no recorte da entrevista 5, podemos observar a questão do vínculo com os colegas de abrigo e, ao mesmo tempo, a construção de vínculo com a família adotante. Sua narrativa sugere um desejo de não voltar ao abrigo, de pertencer à família adotiva e não mais ao abrigo. Nas falas a seguir, podemos observar como Billy narra sua história antes do abrigo.

L: Onde você morava antes do X?
B: Huum, **ah não, num vamo falá não, vamo voltá aqui**
L: Você não quer falar disso? (breve pausa) Billy, não quer falar disso?
B: **Quero brincá!** (Ênfase)
(Entrevista 2 – Linhas: 933 a 936)

L: Mas por que você foi morar no X, Billy? Você lembra?
B: **Porque eu tava com outra família.**
L: O que aconteceu pra você sair dessa família?
B: **Ah, um mulequinho mijou na cama minha.** Tchum! (som emitido enquanto brincava com bonequinhos lutando).
L: Um mulequinho?
B: **Eu deixei ele ir na minha cama, ele mijou na minha cama.**
(Entrevista 3 – Linhas: 391 a 402)

B: **Meu irmão já chorou uma vez**
(...) Porque ele tinha medo.
L: Medo do quê?
B: Medroso, ele é medroso.
(...) Eu fui lá, **eu tinha que dar mamadeira, eu tinha que dar alguma coisa pra ele.**
(...) Eu fui lá no escuro, pensou que eu era um monstro.
(...) **Eu ia deitar na cama dele pra... eu deitei mijado, cê acredita?**

(...) Eu deitei mijado. E ele ficou lá: "Você deitou mijado". Aí, saí da cama. ?(incompreensível).
L: E onde era isso?...(silêncio)... Na outra casa que você morou?
B: Anhram.

(Entrevista 3 – Linhas: 450 a 476)

L: É... E antes de ir nessa casa? Antes de morar no X (nome do abrigo)? Você lembra como que era quando você era pequenininho?
B: **Eu lembro. Eu não era pequenininho não.**
L: Um dia você foi nenezinho, certo? Um dia você nasceu? Aonde você foi nascer? Lembra?
B: **Lembro. Da barriga.**
L: De quem?
B: **Da barriga da minha mãe.**
L: E aonde está essa mãe?
B: **Aqui!**
L: Aqui aonde?
B: **Aqui! Aqui nessa casa.**
L: Ah... e antes de vir pra essa casa? Antes do X, você lembra onde você vivia antes?
B: **Anhram!**
L: Onde você vivia?
B: **Eu vivia lá no X. Agora eu vivo aqui.**

(Entrevista 3 – Linhas: 483 a 498)

L: E me conta uma coisa, como é que você foi parar lá no X? Onde que você morava antes do X?
B: **É, eu morei em outra casa, mas eu não lembro o nome.**
L: Hum...
B: **Não lembro o nome, porque eu não conheço.**

(Entrevista 5 – Linhas: 176 a 180)

Nessas conversas, Billy menciona vagamente a saída da primeira família adotante, comentando sobre uma situação vivenciada com alguém (molequinho) que causou sua saída daquela família, delegando para si uma posição de vítima (paciente). No entanto, logo em seguida na mesma conversa, ele relata uma experiência de ter tentado ajudar e que acabou falhando, denotando um posicionamento de agente. Há indícios de que ele esteja falando da mesma situação que o levou a ser separado da antiga família e re-colocado no abrigo. Assim, parece haver um sentimento ambíguo em relação à separação: de ter sido vítima e de ter sido agente ou culpado.

Com relação à sua origem, a família biológica, Billy não se posiciona sobre ter tido uma família que o gerou. Neste momento, ponderamos se ele compreende a noção de "origem", de ter tido uma mãe biológica. Billy fala que "nasceu da barriga", demonstrando que entende que bebês nascem da barriga de uma mãe. Mas ele não comenta sobre essa mãe biológica, ao contrário, re-apresenta a mãe adotiva atual significando-a como a mãe "da barriga".

Essas narrativas sugerem que Billy talvez seja capaz de fazer associações do tipo causa e efeito, mas ainda não consiga desenvolver uma operação mental que envolva lógica. Como sugerido por Brodzinsky, Schechter & Henig (1992), talvez Billy ainda não compreenda o vínculo biológico entre pais e filhos, ou seja, que existiu uma mãe que o gerou, que houve uma separação e que agora tem outra mãe que cuida dele. Além disso, entre a separação da mãe biológica e a atual mãe adotiva, houve uma outra mãe que também cuidou.

Há também indícios de um processo de valorização da atual mãe. Ao falar da "barriga da minha mãe" que está "nessa casa", Billy apresenta sinais de construção de vínculo com a mãe adotiva atual. Com relação à família adotiva anterior, Billy rapidamente menciona que viveu com outra família porém, se posiciona como não a conhecendo, demonstrando um processo de silenciamento especificamente relacionado à família que o devolveu ao abrigo.

A seguir, apresento seu desenho da família, assim como a narrativa produzida no momento em que estava desenhando.

Entrevista 6 – (12/03/04) – Desenho da Família

L: Pronto (....) Agora aqui eu quero que você desenhe sua família.
B: A minha família?
L: Isso.
B: Certo. **Pelo menos minha mãe...** (pausa). Ó minha mãe, com cabelo assim. **Está bonita lá, não é?**
L: Ó, está sim.

B: O cabelo dela, cabelo dela, cabelu, cabelu, cabelu, cabelu... **A minha mãe é grande, certo?**
L: Certo, a sua mãe é grande.
B: Ela não é pequena. (...) Isso aqui é a mão da minha mãe com uma flecha grandona, só que **a sua é mais poderosa.** (referiu-se ao desenho meu que havia feito também com uma flecha na mão)
L: A rosa...
B: A rosa é **mais poderosa.** Depois eu vou fazer uma espada, uma espada bem poderosa. **Minha mãe está com outra flecha, ela acerta duas flechas, entendeu?**
L: Entendi.
B: Esse aqui é **mais fácil de acertar no coração**, esse daqui.
L: Humhum.
B: O que falta mesmo... a coroa! A rainha! (tom mais alto)... (pausa) Pronto! Rosinha. **Agora é eu... agora é eu chegando.** Pode guardar. (deu a folha desse desenho e foi pegando outra folha para se desenhar).
L: Não, na mesma folha, pode fazer a sua família, o desenho da sua família.
B: A sua família... Por que a **sua** (ênfase) família? Sua família... você tem pai, você tem?
L: Tenho.
B: Você tem pai, você tem mãe?
L: Tenho.
B: Tem sobrinho?
L: Tenho.
B: Avô?
L: Não, não tenho avô mais.
B: Seu avô morreu?
L: Já.
B: Como é que ele morreu?
L: Ficou doente e morreu, faz muito tempo, eu era muito pequenininha.

B: Preciso do amarelo. Isso daqui não é cor do sol. (continuou desenhando na mesma folha)
(...)
B: A lua... é azul a lua. Não! Vou fazer o céu. O céu é assim. Céu... agora as nuvens... (ouvimos a voz de Josiane em outro cômodo)
L: As nuvens?
B: É... (...) Não sei fazer essa nuvem... Faz de conta que tá um dia diferente e começou a chover (pausa). Esse daqui é mais bonito ou aquele seu é mais bonito? Eu acho o seu que é mais bonito.
L: O que ??
B: O seu desenho que eu dei pra você.
L: Esse aqui?
B: Esse daí que é bonito.
L: Eu acho que os dois estão bonitos.
B: É?
L: É. É uma pessoa, uma menina que você falou e esse aí, esse aqui é sua mãe.
B: É, **minha mãe rainha. Meu pai vai ser o rei. O rei é mais poderoso que a rainha, sabia?**
L: É?
B: **O rei grita mais alto, a rainha não grita não. Rainha só... ela dá carinho só,** deixa tudo, grita deixa tudo os bandidos pegar as madrasta dela, deixa tudo! Vai chover, não vai?
L: Por isso que essas nuvens estão escuras?
B: É, não vai chover?
(...)
L: E agora? O que está faltando mais nesse teu desenho da tua família?
B: **A lua...** aqui. Fazer o sol preto, o que você acha?
L: Você que sabe, está tão bonito esse sol amarelo que você fez. Que cor é o sol?
(...)

L: Não, quem que você desenhou aqui? Que você falou pra mim?
B: **Minha mãe.**
L: Tá. Esse aqui é o desenho da sua família. Está faltando alguém nessa família?
B: **Não, só a mãe. Eu quero desenhar uma Josiane, fazer um desenho pra Josi.**
L: Tá. E você? Cadê você nessa família? Onde você fica aqui?
B: **Não vou ficar aqui.**
L: Não?
B: Não, pode marcar o nome da minha mãe. "**Mãe, eu te amo**". Você escreveu?
L: "Mãe, rainha", que você falou que ela é, você falou: "Eu te amo" (escrevendo na folha do desenho).
B: Certo. **Deixa eu mostrar pra ela.**

(Entrevista 6 – Linhas: 298 a 738)

Parece que, ao desenhar e narrar, Billy vai constituindo sua família. Ao ser solicitado a desenhar sua família, ele menciona a mãe como primeira pessoa, inclusive colocando-a numa posição de destaque: pelo menos ela; ela é grande; é bonita; é a Rainha, mãe eu te amo. Este destaque evidencia a construção de um vínculo afetivo. A mãe é quem dá carinho, o pai, é quem grita mais alto, é mais poderoso. Billy coloca-se logo depois da mãe, agora é eu chegando, agora é eu, porém não desenha sua figura, nem a de mais ninguém da família nesta mesma folha. Ele fala que não vai ficar. Billy desenhou em folhas separadas a Josiane (exibido anteriormente), seu pai (como um Saci-pererê) e sua figura (que será apresentada a seguir). E, quando eu pergunto sobre o lugar dele nesta família, ele responde: não vou ficar aqui.

Um dos significados construídos nessa narrativa é de um processo de inclusão que ainda não está finalizado: agora é eu chegando – não vou ficar. Levando-se em conta sua história de vida (separação da família biológica; devolução pela primeira família adotante) e o retorno de Josiane para os cuidados da avó, pode-se esperar esta insegurança quanto a continuar nesta família. A expressão "pelo menos ela" indica uma escolha, uma possibilidade. A narrativa produzida durante o desenho da Josiane ("Eu quero desenhar a Josi. Eu adoro brincar com você. Eu te amo. É a rainha mais poderosa de todas") indica a posição de referência para Billy, de um vínculo afetivo e ao mesmo tempo, de poder. Josiane ocupa um lugar de grande importância nesta família, tanto para a mãe adotiva quanto para o pai. Foi a partir da sua saída que Billy entrou nesta família, numa tentativa de substituí-la. Além disso, Josiane é a companheira de Billy, afinal, ela é a única criança nesta família.

Entrevista 6 com Billy – (12/3/04) – Desenho de si mesmo)

> "Espada bem grandona" – Billy ... de ... (ênfase na conjunção "de" que liga ao sobrenome)
> "Já estou indo na escola e já estou aprendendo. Mamãe estou desenhando pra você com carinho"

Seguindo a seqüência de desenhos da família em folhas separadas, o desenho referente a si próprio foi o último a ser efetuado. Billy apagou e refez diversas vezes o braço direito que se transformou numa grande espada. Ao final, ele pediu para que eu escrevesse seu nome com o sobrenome (sobrenome da família adotante), como no primeiro encontro, ele enfatizou o sobrenome. O sobrenome lhe traz uma identidade, é um sinal de pertencer a um grupo. Em seguida, Billy introduz a questão da escola ("Já estou indo na escola e já estou aprendendo. Mamãe estou desenhando pra você com carinho"), posicionando-se como oferecendo um presente para a mãe. Parece ser um esforço de Billy em posicionar-se dentro dessa família. Isso sugere que ele esteja atrelando seu desempenho escolar com a possibilidade de satisfazer a expectativa da mãe e assim, garantir sua permanência nesta família. Cabe aqui retomar como ele se apresentou no primeiro encontro, justamente contando espontaneamente que havia recebido um presente da mãe por estar indo à escola e fazendo as lições. A questão do desempenho escolar parece ser um importante fator de tensão que permeia a relação entre Billy e os pais adotantes atuais, tendo sido um dos temas da primeira conversa com os pais e também da última entrevista, inclusive como motivo de comparação com a Josiane, neta do casal.

Por fim, gostaria de voltar ao primeiro encontro, quando estávamos brincando com os fantoches (Billy escolheu ser o Leão e disse para eu ser o Elefante):

B: O meu era mais forte...Uoooooooooooo!
L: É o Leão é mais forte do que o elefante...
B: ... ... uuooo [tom bem baixo]
L: Onde você vai morar agora, Leão?
B: Não sei não em gente, acho que nós tem má educação...[tom baixo de voz]
L: É, você acha Leão?
B: Não sei não, porque minha barba está cortada...
L: Onde você cortou sua barba?
B: Não sei não, acho que é porque eu gritei...Uaaaaaaaaaa!
L: Vamos descansar um pouco, vamos pra Casa?... Onde você mora?
B: Ah eu moro num saquinho... pobre dele....
L: Quem que mora com você, Leão.
B: Não sei não...vamos gravar? (mudança de assunto)
L: Tá gravando...
B: Então gira rápido...
L: Tá girando...oh...
B: Não tá ouvindo a voz....
L: Não, ouvir é quando você ouve, agora está gravando, é diferente...pra gente ouvir a gente tem que parar... pôr para voltar e aí... ouvir, tá bom?
B: Tá...nós temos que falar tudo pra falar...
L: Você fala o que você quiser falar, Billy, tá bom?
B: E eu...[recomeçou a falar com voz mais grossa, usando o fantoche Leão]
L: Que você gosta de fazer, Leão?
B: Eu sou um Ratuna Matata... ah! Esqueci da música! [tom de voz normal]
L: Qual música?
B: Música de todos... oh, o leão vai cantar.
L: Então vai...Leão, canta.
B: Olha, pega essa música, hein...

L: Vai vou pegar...você vai me ensinar?
B: Eu vou...
L: Então vai...
B: Pega essa música eu tô [levantou e ficou em pé]...Ratuna Matata...[começou a cantar]
L: Ratuna Matata...
B: Ratuna Matata... é lindo Disney...você vai entender...os seus problemas...você deve esquecer...(L: uhhh, sorrisos) isso é viver... é aprender...Ratuna Matata... [cantou em pé e dançando, com tom de voz mais grosso, com ritmo muito semelhante ao original]
L: Uhhhhh Uhhhh...
B: Ratuna Matata... Ratuna Matata... Ratuna Matata... você vai entender... os seus problemas... é você agora que estava cantando....
L: Os seus problemas... você deve esquecer... isso é viver...[cantaram juntos]
B: Agora é eu... é aprender... Ratuna Matata...
L: Ratuna Matata...
B: Ratuna Matata... você vai entender... [tom de voz foi diminuindo aos poucos] Gostou aí? Pegou essa? [tom grosso de voz, como se fosse o fantoche Leão novamente falando]
L: Peguei meu, que legal!! [tom grosso de voz, como se fosse o fantoche Elefante respondendo] Você canta muito bem! Gostei...hein!
B: Agora é você que tem que cantar música no *churú*, hein...(...)

(Entrevista 1- Linhas: 693 a 741)

B: A música do Jersinho... to to to que é ser feliz... feliz... tototo que é ser feliz... feliz... quem quer beijar na boca... joga... joga assim... quem quer beijar na boca... eu quero... eu quero... eu quero... tototo que

é ser feliz... tototo quer é ser feliz... feliz... quem quer beijar na boca... joga pro lado... joga pra cima... quem quer beijar na boca... eu quero... eu quero... eu... ...
...**ali, ali...ali no relógio!** [apontou para o relógio]
L: Tá quase...[referindo-se ao tempo de terminar o nosso encontro]
B: Eu quero... ...esse foi bom, hein... o pior que meu pai foi embora...
L: Seu pai foi embora...
B: Tá...[volta a falar como se fosse o fantoche Leão, com voz grossa]
L: E porque ele foi embora, Leão?
B: Não sei não, porque eu acho que eu fiquei... assustei muito assustado... eu assustei ele Harrrrrrr!
L: E aí... ... e agora?
B: Ele foi embora...
L: E ele vai voltar?
B: **Eu acho que não... Pra mim foi nos pião hein... e tomei na fria...**
L: É...? E agora você tá sozinho, Leão?
B: Olha... eu to né?
L: Quem tá cuidando de você?
B: Acho que eu quero recortar...[**mudança de assunto, volta o tom da voz ao normal**]

(Entrevista 1 – Linhas: 772 a 792)

Estes recortes contextualizam o momento em que Billy cantou a música Ratuna Matata. Inicialmente, parece que ele (no papel do Leão) comenta sobre não ter uma casa (moro num saquinho, pobre dele), sendo que, ao ser questionado sobre quem mora com ele, Billy (como Leão) diz não saber e pede para gravar, interrompendo a conversação que estava acontecendo entre o Leão e o Elefante. Logo depois, quando questionado sobre o que o Leão gostava mais de fazer, Billy responde: eu sou um Ratuna Matata, e comenta que a música é de todos. Em seguida, fica em pé e canta com desenvoltura. Esse foi um momento muito marcante dos encontros com Billy, pela alegria ao cantar e o domínio da música.

No recorte seguinte, que é continuação deste mesmo trecho de conversação, Billy menciona espontaneamente a separação de seu pai ("o pior que meu pai foi embora") e a justifica novamente colocando-se ambiguamente como agente/vítima da saída ("eu fiquei... assustei muito assustado... eu assustei ele"). Quando questionado se o pai voltaria, disse que achava que não. Quando interrogado sobre estar sozinho, responde que está só, mas muda de assunto em seguida. Nesse momento, pergunto (ainda como elefante) quem está cuidando de "você" e, então, Billy encerra a conversação, dizendo que queria recortar. Não sabemos ao certo de que pai ele estava falando naquele momento, porém, percebe-se um sentimento ambíguo atrelado a uma separação.

Refletindo sobre a música, eu retornei ao filme "Rei Leão", pensando em Billy. O significado desse refrão é de que "você deve esquecer os seus problemas". Essa música aparece no filme depois que Simba, o filhote de leão, sentiu-se culpado pela morte do pai e fugiu (expulso pelo tio) da terra dos leões, separando-se de sua família. Ao ser encontrado (adotado) por um rato do deserto (Timão) e um porco selvagem (Pumba), Simba aprende, com eles, o conceito "Ratuna Matata" que propõe o esquecimento do passado para que se consiga viver em paz.

Esse conceito se assemelha à maneira como ele se refere aos acontecimentos da sua vida anteriores ao abrigo: esquivando-se, ignorando ou silenciando. Billy claramente se negou a conversar sobre a família adotante anterior ou sua família biológica, deixando explícita sua intenção de esquecer o que aconteceu, como numa tentativa de "zerar" o cronômetro da história da sua vida.

Em síntese, de acordo com os significados construídos nos encontros comigo, podemos levantar algumas questões relacionadas à perspectiva de Billy sobre seu processo de adoção:

- Adoção parece ser algo incompreensível, incerto e talvez uma transação comercial por um determinado tempo?

- A história passada deve ser esquecida, é muito difícil ser compreendida?

- Quais os espaços que ele tem de conversação sobre o vivido?

- Qual suporte para a família lidar com tudo isso?

Apresentando ...

Yasmim

Entrevista 1 com Yasmim (22/04/04) – Desenho Livre

> "Era uma vez um filia que se chamada Ana Flavia um dia si perdeu dos ceus pais mas o papai e a mamãe procuro procuro mas uma ves acho nunca mais si perdeu dos pais e ficarão felises para sempre."
> (esta história, incluindo o nome da menina, foi criada por Yasmim após a produção do desenho)

Apresentando ...
Júlia

Entrevista 1 com a Júlia – 22/04/04 – Desenho Livre

L: Então, me conta um pouquinho do teu desenho. O que você desenhou?
J: Eu desenhei uma menininha que tem já uma família. Só que ela tá em casa... ela tá de fora da casa, porque os pais dele, dela ... está... vai voltar daqui um pouquinho, porque os pais dela está pegando a foto que é rapidinho.
(...)

J: Esse desenho, há dois mil anos os pais delas nasceu e ficou... uma... aí, a mãe ficou grávida. Aí, ela... nasceu a filha. Aí, ela foi comendo, crescendo, aí, ela cresceu. Aí, passou dois mesinhos, aí, ficou três dias, aí, ela arranjou uma escola pra ela poder estudar e aí, ela foi crescendo e já ficou... mais de um aninho. Depois, ela teve que ficar em casa porque os pais não tinha como levar ela, pra ir junto, porque como ela cansa a perna, né, porque pode ser longe ou perto, só que é longe, aí ela pode cansar a perna e ela tinha que ficar em casa, ela pode brincar.

Entrevista 1 – Linhas 604 a 632

"**Família é... umas pessoas grande que adota criança pequena**". (Yasmim, entrevista 3)
"**Eu sinto falta do rosto dela.** (Júlia, entrevista 4)

Yasmim e Júlia (6 e 7 anos respectivamente) eram duas meninas muito alegres, sorridentes, ativas, com olhos brilhantes e atentos a tudo. Ambas interagiram com facilidade comigo, comunicando-se espontaneamente, sorrindo na maioria das vezes, dando gargalhadas quando estavam brincando. Algumas vezes, mostraram-se sérias, especialmente, quando falavam de situações difíceis, ou quando estavam concentradas nas atividades. Tanto Júlia como Yasmim manusearam o material com organização e delicadeza, sendo que, muitas vezes, ofereceram-se para me ajudar a guardar o material e a carregá-lo até a porta.

Júlia era uma menina morena, magra e alta, aparentando ter mais idade. Com olhos e cabelos castanho-escuros, os cabelos eram de tamanho médio, crespos e sempre presos. De forma geral, distiguiu-se por mostrar grande facilidade de falar lar de si e do mundo ao seu redor, de uma maneira muito espontânea e reflexiva. Em muitos momentos, Júlia teve a iniciativa de introduzir seus assuntos, fazendo suas próprias perguntas, pedindo para contar estórias, pedindo presentes, ou seja, não se limitando apenas ao que lhe era proposto. Parecia que ela estava aproveitando a oportunidade da entrevista para expressar seus sentimentos e falar sobre sua vida.

Yasmim também era morena e magra, porém, tinha uma aparência mais miúda em relação à irmã. Além disso, ela tinha cabelos pretos, lisos, soltos e com franja. Yasmim, quando estava conversando comigo, falava em tom baixo, acanhada, limitando-se a falar sobre o que lhe era proposto. Já nos encontros em que eu entrevistava a irmã, mostrava-se aborrecida, não olhando e nem falando comigo.

Ambas eram procedentes de um abrigo situado numa cidade que dista 230 km da cidade dos pais adotantes. O tempo de convivência com a família adotante era de 2 anos e um mês quando do nosso primeiro encontro, as crianças ainda estando em medida de guarda provisória, ou seja, ainda sem o registro definitivo da adoção[4].

O casal adotante é Júlio (36 anos) e Mariana (34 anos), brancos, com olhos e cabelos castanhos, com uma história anterior de infertilidade. Porém, Mariana constatou-se grávida logo após a chegada das meninas. Sendo assim, depois de 7 meses da colocação das meninas, nasceu o filho biológico (Gabriel). Na ocasião dos meus encontros com as meninas, ele estava com 1 ano e 6 meses, já andava e estava começando a falar algumas palavras.

Após a finalização dos encontros com as meninas, procuramos informações sobre sua história de adoção. Segundo informações recebidas em entrevista com um membro da equipe técnica do Fórum da cidade onde ocorreu a

[4] O registro definitivo de adoção pode demorar a ser emitido em função do processo de destituição do poder familiar.

adoção, as crianças haviam sido abrigadas pela própria mãe, quando esta passou por aquela cidade. As meninas permaneceram no abrigo por 2 anos e meio até serem retiradas pela atual família adotante. Levando-se em consideração as informações coletadas, constatamos então que Júlia entrou no abrigo por volta de 2 anos e 9 meses e foi "adotada" com 5 anos e 5 meses. Yasmim entrou no abrigo com 1 ano e 7 meses e foi "adotada" com 4 anos e 3 meses.

Contextualizando os encontros com as meninas

Ao chegar para o primeiro encontro com Yasmim e Júlia, fui recebida por elas no portão, super animadas, alegres e falando que sabiam que eu iria conversar com elas e que seria segredo. Conversei primeiro com Yasmim (por decisão delas), no quarto delas, em função de ali termos maior privacidade para as nossas conversas. Depois, durante a conversa com Júlia, Yasmim interrompeu duas vezes a entrevista da irmã e, ao final, queixou-se por achar a entrevista da irmã mais longa do que a sua. Combinamos que no encontro seguinte, conversaria primeiro com Júlia e depois Yasmim.

No segundo encontro porém, fui recebida por Yasmim no portão, dizendo que ela seria a primeira porque Júlia não havia terminado a lição da escola. Chegando na varanda, a mãe pediu para Júlia se deslocar para a mesa da cozinha para continuar estudando lá e sugeriu que Yasmim sentasse na mesa da varanda para conversar comigo. Neste dia, as entrevistas foram feitas em torno da mesa da varanda, embora este fosse um lugar de passagem, em que todas as janelas e portas davam para a varanda. Yasmim não pareceu incomodada com a falta de privacidade. No entanto, Júlia mostrou-se desconfortável, atenta aos movimentos da mãe e da irmã, inclusive tendo feito referências à entrevista da irmã, indicando claramente que a havia escutado.

A partir do terceiro encontro, passei a conversar com as meninas em dias separados, sempre intercalando um dia para cada uma. Além disso, retomei a questão de que as entrevistas precisariam acontecer no quarto delas, por este parecer ser o lugar da casa que oferecia maior privacidade. Começamos com Júlia, já que Yasmim havia sido a primeira nas últimas duas visitas. Neste dia, Yasmim mostrou-se aborrecida por não ser entrevistada, não veio ao meu encontro quando cheguei, ficou sentada, fazendo sua tarefa e não olhou para mim (embora eu tenha ido até ela e conversado com ela). No entanto, quando cheguei para entrevistá-la no outro dia, Yasmim veio ao meu encontro, sorrindo e conversando alegremente.

No encontro seguinte, quando foi a vez da irmã, Yasmim reagiu da mesma maneira: não conversou e nem olhou para mim, nem na chegada e nem na saída. Quando foi sua vez, veio até mim sorrindo e conversando.

Durante contato telefônico, quando estávamos marcando a data da quinta entrevista da Júlia, Mariana mencionou que estava levando a Júlia para atendimento com a psicóloga indicada pela colega do nosso grupo de pesquisa que a acompanhou e Yasmim estava tendo aulas de flauta. Quando cheguei no dia combinado, ninguém foi me receber no portão, entrei e encontrei Júlia fazendo tarefa (embora estivesse de férias), com um jeito amuado, olhando para a mãe como se estivesse esperando seu consentimento para conversar comigo. Sem entender o que estava se passando, perguntei duas vezes o que estava acontecendo, olhando para as duas. Então, Mariana disse que Júlia estava brava porque não queria fazer as lições que ela havia pedido.

É interessante colocar que, neste dia, o tema da conversa com Júlia era sobre escola e ela comentou comigo que tem muitos amigos e que brinca com todos. Além disso, durante a entrevista, Júlia mostrou sua agenda da escola, e eu pude folhear e ler alguns bilhetes continuamente trocados entre seus pais e sua professora. De uma forma geral, pude perceber que a professora comentava a respeito de Júlia com muito cuidado, dizendo, por exemplo, que ela gostava de conversar muito na classe, mas que era uma menina muito boa, que sabia fazer as lições, que era necessário explicar somente uma vez para que Júlia aprendesse a lição, e que ela era boa aluna e educada.

No último encontro, as meninas me receberam no portão, estavam entusiasmadas porque sabiam que faríamos o livro da história da vida delas. Conversei com as duas no mesmo dia, porém, individualmente. Júlia foi a primeira e, depois, Yasmim. Ambas tiveram a iniciativa de fazer um presente para mim (usando o resto do material que havia levado para a construção do livro). Júlia fez uma pulseira e Yasmim fez uma coroa. Quando terminamos, percebi que as meninas estavam orgulhosas em mostrar para a mãe o livro que haviam construído comigo.

Ao final, Mariana gentilmente convidou-me para sentar na mesa da varanda e para conversar com elas. Gabriel estava dormindo e as meninas brincando juntas ao nosso redor, cantando, dançando, dando gargalhadas. Conversamos sobre o livro que haviam construído comigo e sobre como era importante conversar com elas sobre a história da vida delas.

De uma forma geral, tanto os pais como as meninas, sempre me receberam abertamente, disponíveis para conversar.

A seguir, passaremos a apresentar alguns trechos das conversas com as meninas, porém, garantindo a apresentação individualizada de cada criança.

Conversando com Yasmim

L: Me conta um pouquinho da tua vida pra mim... (silêncio). Como é que era antes, onde você morava?...
Y: Morava com outra família.
L: Morava com outra família?
Y: É.
L: Hum... Qual era a outra família?... Você lembra?
Y: (silêncio) Eu lembro... só lembro quando eu era pequenininha.
L: O que você lembra quando você era pequenininha?
Y: Eu chorava, mamava...(...).
L: E quem te dava mamadeira?
Y: Minha mãe.
L: Hum... e aí... (fala interrompida)
Y: Ou meu pai.
L: Ou seu pai. É? Que mais você lembra?
Y: Lembro eles brincando comigo e... só. (tom baixo de voz).
L: Hum ... E o que mais que aconteceu?
Y: Aí, **quando nós crescemo, eles quis devolver nós, quis colocar a gente em outro lugar.** Aí, que eles só gosta ... quando a gente somos pequenas eles gosta. Aí, quando a gente cresceu, eles não quis ... mudar de vida.
L: E eles colocaram vocês aonde?
Y: **Na XX (citou o nome do abrigo). Aí eles... aí essa família pegou a gente e levou pra cá.** E a gente passeamo, brincamo ... brincamo de parquinho ...

(Entrevista 1 – Linhas: 53 a 77)

No primeiro encontro, Yasmim manifesta-se logo no início contando que tinha outra família, que a colocou num abrigo e que depois foi retirada do abrigo pela atual família. Ela narra momentos da sua vida anteriores à adoção ou seja, momentos do seu processo de adoção tardia. Ao narrar a sua saída da primeira família (biológica), Yasmim vai construindo um significado de que a família não a queria crescida e fala no plural (a gente, nós) indicando que não estava sozinha neste processo. Ela explica a saída da família de origem em função do seu crescimento, como se os pais preferissem os bebês, e quando estes crescem, não os querem mais. Yasmim usa o verbo devolver para indicar a separação, como se já tivesse pertencido a outro lugar e que agora estaria sendo devolvida. Isso indica uma noção da possibilidade de devolução de filhos, o que pode estar articulado à situação atual de adoção. A estadia no abrigo é mencionada de maneira passageira, e a adoção, como sendo a família que foi lá e as trouxe para sua casa, construindo um significado positivo para essa passagem, já que relacionou com passear e brincar.

Y: Antes, eu morava com a Cândida, eu não morava com essa família. Aí, depois eu comecei a morar na XX (abrigo), depois eu... aí, eles quis buscar a gente.

(...)

L: Quem que ela era então?

Y: Era... ela era minha mãe! (negrito para indicar tom de voz mais alto)

Y: Eu e a Júlia morava junto. Aí, depois a gente foi lá e tinha um monte de espaço lá, tinha uma bebezinha que era... que era... que ela era pequenininha, que era nossa irmãzinha, pequenininha...

L: É. E como é que era a Cândida?

Y: Legal!

L: Quem mais morava com vocês nessa casa?
Y: Meu pai...
L: Hum.
Y: E... só! ... Porque é só a mãe e o pai que fica na casa, e as crianças.
L: E aí? O que aconteceu depois?
Y: Aí, quando a gente crescemo ... grande assim, por...que a... q...quando... é quando eu tinha três aninhos, eles quiseram, depois tinha ... aí quatro, **aí, levou,** nós... é... três aninhos, **eles me levaram** pra XX (abrigo).

(Entrevista 2 – Linhas: 154 a 195)

No segundo encontro, Yasmim apresentou-se novamente como tendo tido três lugares de moradia, introduzindo o nome da mãe biológica para dizer de onde partiu e a irmã como parceira. A passagem pelo abrigo foi colocada como segundo lugar e, por fim, a saída para a família atual. Ela explica a colocação no abrigo em função do seu crescimento, retomando mais uma vez, o significado que foi discutido anteriormente, de que a família biológica não a quis mais por ter crescido.

É interessante notar que ela se posiciona nessas narrativas, como uma protagonista impotente neste processo, em que, primeiro ela estava com uma família que não a quis mais e a levou para o abrigo, depois ela estava no abrigo e uma outra família a buscou para trazer para a casa deles. Essa posição reflete como as crianças são vulneráveis às decisões dos adultos.

Continuamos conversando sobre seu processo de adoção neste segundo encontro. Contudo, num determinado momento do encontro, apresentei-lhe uma caixa com vários conjuntos de família de bonecos e pedi para que me mostrasse como era a casa de onde veio. A minha intenção era conversarmos sobre o abrigo. A seguir, apresento a foto da organização final dos bonecos, construída por Yasmim ao longo da interlocução comigo e as narrativas produzidas naquele momento. Nota-se que ela foi refazendo o percurso da circulação de um contexto para outro, durante a conversa comigo.

Entrevista 2 com Yasmim – 20/05/04 – Fotografia da Montagem Final dos Bonecos – foi tirada do lado em que Yasmim estava sentada.

L: Então vamos fazer o seguinte, eu trouxe aqui uma caixinha com um monte de bonequinhos, pra você montar pra mim, tentar lembrar, pra te ajudar na lembrança, como é que era essa outra casa que você morava, tá? Você pega aqui, tem bonequinho que parece que é gente grande, tem bonequinho que parece que é criancinha, tenta montar. Tem bastante, ó!
Y: Tá.
L: E aqui eu tenho folhas... (minha intenção era propor um desenho do abrigo – mas fui interrompida)
Y: Ah, porque esse é azul?

L: Parece uma vovozinha, não parece? (fala interrompida)
Y: Ah!! Esse é ... o homem e a mulher... (Yasmim mostrava-se entusiasmada com os bonecos)
L: Óh, aqui eu tenho papel, você pode tentar dividir pra me mostrar onde que era, olha. Aqui é casa onde que você vivia no XX (nome do abrigo) ? É isso? (Yasmim separou uma outra folha de papel)
Y: E aí é a casa da Cândida (eu perguntei do abrigo, ela escolhe começar a falar da família biológica)
L: Tá, então, você vai mostrar pra mim aonde... como é que era. Qual que foi primeiro?
Y: Aqui é minha mãe, meu pai, eu e mais um aqui (referindo-se à mãe biológica – Cândida). (ri). Eu maior aqui.
L: É, ué, pode ser. Essa, que mais?
Y: Aí só! A gente morava na casa da Cândida, depois...
L: Essa era a Cândida?
Y: Éh.
L: E esse?
Y: Meu pai.
L: Yasmim...
Y: Eu e a Júlia. (ouvia-se choro do Gabriel ao fundo)
L: E o nenenzinho que você falou que tinha?
Y: Ah...
L: Aí, pronto.
Y: Aí, eles brincavam. O papai cuidava do nenenzinho. (silêncio – mexendo nos bonecos que ela havia separado para representar a família biológica – na fotografia, primeira folha à esquerda). E quando eu e Júlia era bebezinha, **ela até gostava da gente**, ela brincava com a gente, eu também andava como o Gabriel, e a Júlia também. (negrito para indicar tom de voz mais alto)
(...)
Y: Aí, chegou o dia, eles já cresceram já. Aí, já mudaram lá pra XX (faz o movimento das crianças serem

levadas para o abrigo pela mãe biológica e passa as bonequinhas para o abrigo).
L: E como é que foi nessa XX, quem levou essas duas menininhas aqui na XX?
Y: Papai e mamãe!
L: E por que eles levaram pra essa casinha?
Y: Porque...
L: O que eles... (fala interrompida)
Y: Porque nós já crescemos.
(...)
L: Por que eles trouxeram para a XX?
Y: Que eles não quis mais a gente, porque quando a gente tinha um aninho, aí, sim é mais boa. Dois aninhos também, mas três não é boa pra gente.
(...)
L: E quem cuidava dessas crianças aqui na XX?
Y: Não sei.
L: Aqui ó, quem tava aqui de adulto tomando conta de vocês nessa XX?
Y: Aqui... os moleques que tinha lá, tinha um monte de moleques...
L: Tinha um monte de moleque?
Y: Ah, vou deixar... vou pôr dois aqui, que é muito bom...(começa a colocar mais bonequinhos na folha do meio, representando as outras crianças do abrigo)
L: Várias criancinhas? Então, olha aqui, moleque, moleque...
Y: Humhum, bastante. Aqui mais...
(...)
Y: É. E tinha duas mulher, grande. Não! Tem que ser mais um... (coloca um boneco)
L: Aqui.
Y: O pai.
L: Então, tinha um pai e uma mãe aqui? E como é que era a vida aqui nessa casa?

Y: Mais ou menos, que ela coloca só... coloca... cadê?
L: Você está aqui.
Y: Eu de castigo lá no banheiro... (fala simultânea)
L: E aqui.
Y: E a Júlia. A Júlia separada de mim!
L: Por que tava separada de você?
Y: Pra não conversar.
L: Vocês ficavam separadas na XX pra não ficar conversando?
Y: Ai... aí lá no banheiro, ela trancou a gente e... só deu uma rodada na Júlia, deixou assim aberto e pronto. Aí, foi. E... tem uma menina, tem o menino esse aqui, tá vendo esse?
L: Quem?
Y: É o filho da Benedita.
L: Ele mora nessa casa também?
Y: Também. E depois... ele colocou pra gente comer, na hora que ela saiu, Júlia sentou e comeu, ele colocou pimenta por causa que a Júlia ficava demorando, pra mim não, porque eu ainda tava pequenininha.
(...)
Y: Aí, eles foi lá... chegou lá, pegou a gente, levou... (riu) (representou os pais adotivos indo ao abrigo e as levando para a casa deles – terceira folha na fotografia)
L: O que eles te falaram?
Y: Eles não, não... nada!
L: Você sabia que eles iam buscar vocês? (pausa) Não?
Y: Nós... só sabia ... se eles... se eles não falava, aí falou... a gente...
L: E você queria ir com eles ou você queria ficar na XX (abrigo)?
Y: Queria.
L: O que você queria.
Y: Ficar com eles.

(Entrevista 2 – Linhas: 226 a 401)

Podemos observar na foto da posição final dos bonecos, que ela deixou as duas bonecas (Yasmim e Júlia) na folha que representava a família adotiva (pai, mãe, um bebê e as duas meninas). A família biológica ficou composta por pai, mãe e um bebê que ficou com eles. E o abrigo ficou com as muitas crianças e o casal com um filho que cuidava do abrigo.

Interessantemente, Yasmim não se deteve a falar somente do abrigo, mas foi além. Dialogando comigo, passou a reconstruir o contexto da família biológica, do abrigo e da família adotante (os três contextos possíveis do processo de adoção tardia). Durante esse diálogo, algumas significações foram acontecendo. Ao narrar sobre a família biológica, enquanto manuseava os bonecos, Yasmim foi construindo uma mãe que era afetiva e que "até gostava" delas quando eram bebês. Nota-se a parceria com a irmã e a menção ao irmão (da família adotiva), para justificar que um dia também foi bebê. A questão do crescimento foi novamente ressaltada para explicar a separação da família de origem e abandono.

O abrigo foi apresentado como composto por muitas crianças, tendo um casal que tinha um filho que também ajudava nos cuidados com as crianças. Yasmim narra sobre algumas estratégias utilizadas para disciplinar as crianças e comenta que era separada da irmã para que não ficassem conversando. A passagem para a família adotante foi re-construída como algo mágico, alguém que foi lá para buscá-las e tirá-las do abrigo, tendo sido significado como algo positivo.

Já num outro encontro, quando conversávamos sobre adoção, Yasmim construiu alguns significados relacionados ao conceito de família.

L: Por que uma criança é adotada?
Y: **Porque as crianças precisa de ter família.**

L: É? E elas já não tinham uma família?
Y: Tem.
L: E o quê que aconteceu com a outra família então?
Y: Não ficou nada bom. ... A segunda, que foi na Cândida, foi bom, mas a outra não. Mas essa foi muito (incompreensível) útil. Todas as criança precisa de família! (...) Porque aí não vai ter irmão, nem irmã, nem tio, tia, vó, vô... E pai e nem professora! Não tem nada!

(Entrevista 3 – Linhas: 97 a 113)

    Nessa narrativa, Yasmim constrói um significado de que crianças são adotadas porque precisam de família. E família para Yasmim parece ter um significado de relacionamentos (irmãos, tios, avós, pai, professora...). Parece que só a família pode proporcionar estes relacionamentos, inclusive com a escola.

    Cabe acrescentar que Yasmim mencionou o nome da mãe biológica (Cândida) desde o início das nossas conversas, porém, no momento em que narra sobre a mudança para o abrigo e, posteriormente, a adoção, ela inverte a ordem, colocando a mãe biológica como sendo a segunda família e o abrigo como sendo a primeira. O abrigo talvez receba este significado de família porque, pelo relato das meninas, as crianças abrigadas estavam sob o cuidado de um casal que tinha seus filhos biológicos. Ou seja, o abrigo parecia se caracterizar como uma grande família. Além disso, a inversão da ordem das famílias pode também estar indicando a ordem de como sua história foi sendo compreendida, visto que ela entrou no abrigo quando tinha 1 ano e 7 meses e foi "adotada" com 4 anos e 3 meses. Ou seja, provavelmente ela "aprendeu" que havia tido uma família de origem quando já estava no abrigo.

Nas falas seguintes, percebe-se que Yasmin, enquanto conversava comigo, ia construindo significados para adoção:

L: Você conhece alguma outra pessoa que já foi adotada?
Y: Alguma pessoa que foi adotada?
L: Hum, hum...
Y: **Conheço, um monte de pessoa.**
L: É? Conta um pouquinho dessas pessoas pra mim.
Y: São as pessoas que eu sei: a Carla tem uma mãe, um pai...A Fernanda...(...) Uma, a pequenininha, tem uma Fernanda pequenininha, a outra grande, maior do que eu. A Fernanda pequenininha, a mãe dela chama Laura, e o pai dela é o tio Pedro.
L: E eles adotaram essa menininha?
Y: Hum, hum...E também tem o Paulo, que é bebezinho...
L: Ele também foi adotado?
Y: Ele é bebê.
L: Ele nasceu onde?
Y: Da barriga da Laura, ué!
L: **Hum... Então ele não foi adotado...**
Y: **Claro que foi!**
L: É?
Y: **Porque se ele vai ser adotado, mesmo sendo pequeno ele vai ser adotado... Ninguém vai segurar ele, ele vai ficar sem família.**
L: Ah, entendi. Mas ele está vivendo com a mesma mãe dele... ele saiu da barriga da Laura? E quem que está cuidando dele agora?
Y: A Laura.
L: A mesma pessoa?
Y: Aham...
L: Então ele está com a mesma mãe até hoje? A mãe que ele nasceu, até hoje criando ele?

Y: Ele ainda é bebezinho, demora pra ele crescer.
(...)
Y: A Paula? A mãe dela chama tia Maria, o pai dela eu esqueci o nome...
L: Mas ela foi adotada? Que nem você?
Y: Por causa que ela é grandona, já cresceu, já tem namorado.
L: E ela nasceu onde? Quem que foi a mãe dela?
Y: Uai, a tia Maria!
L: A mesma mãe que está até hoje com ela?
Y: Só ela.
L: Então ela foi adotada?
Y: Hum, hum...
L: Conta um pouco pra mim, então, explica isso melhor para mim.
Y: **Ela foi adotada por causa que... Já pensou se a gente crescer... tem namorado... e não teve família, o quê que faz?**

(Entrevista 3 – Linhas:151 a 206)

Nessa conversa, fica evidente a negociação do significado de adoção que ocorre entre mim e Yasmin. Penso nesse diálogo como um exemplo de um ato de significação. Nessa negociação, Yasmin narrou sobre adoção como sinônimo de ter uma família, independentemente de ter nascido ou não nela. Em contrapartida, eu, nesse momento da entrevista, trouxe um significado de que a adoção ocorre com filhos não biológicos. Eu estava conversando com ela partindo do meu referencial de que para a adoção acontecer, é preciso que haja uma mãe que gera o filho e outra que cria. No entanto, Yasmim não aceitou o que foi oferecido por mim, e colocou a sua interpretação: ser adotado é ser acolhido por uma família, independentemente de ser uma família biológica ou adotiva.

Essa significação nos remete à afirmação feita por Dolto (1989), de que toda criança precisa ser adotada pelos próprios pais, sejam eles biológicos ou não. Nesse mesmo sentido, Maldonado (1997) também afirma que toda relação pais-filhos pressupõe um ato de adoção recíproca, pois os laços sangüíneos não garantem o amor, o qual é construído na relação cotidiana. Assim, compreender a adoção como uma maneira não biológica de constituir uma família exige um pensamento mais sofisticado. Aqui cabe considerar o nível de compreensão de Yasmim que parece ainda não diferenciar filhos biológicos de filhos adotivos. Segundo Brodzinsky, Schechter & Henig (1992), é em torno dos seis ou sete anos que a criança adotada começa diferenciar adoção e nascimento como formas alternativas de se entrar para uma família e é desse pensamento que nasce o "sentimento de perda": a criança percebe que para chegar a ser adotada por uma família, foi preciso acontecer antes a separação da mãe que a gerou.

Aqui, deixo uma pergunta: nossas conversas estariam provocando esse "despertar" para o sentimento de perda?

Logo em seguida, durante o diálogo comigo, podemos perceber outra significação acontecendo:

L:Por que você acha que a Mariana e o Júlio escolheram vocês para adotar?
Y:Porque eles queriam umas filha. (...) Porque ia ficar só com um filho? É pouco! Mas três é... é filho demais. Um é pouco, dois é bom, mas três é demais!
(...)
L: Por que eles quiseram vocês?
Y: Pra adotar a gente.
L: Então, para adotar vocês. E por que será que eles queriam adotar vocês?

Y: E agora eu entendi o quê que é adotar!! (ênfase)
L: Agora você entendeu? O que você entendeu?
Y: Cuidar da gente!
(...)
Y: Cuidar? Não deixar a gente perdida, fazer o melhor pra gente, dar comida, dar café da tarde, lanche... Isso.
(Entrevista 3 – Linhas: 380 a 403)

Ao pensar sobre o motivo que levou os pais adotantes a escolherem Yasmim e Júlia como filhas, Yasmim vai construindo outros significados relacionados ao seu processo de adoção. Ela afirma que seus pais adotivos queriam umas filhas, porque não queriam ficar com apenas um filho. "É pouco!" (ela se apóia na existência do Gabriel, mas ainda não compreende que o nascimento do Gabriel se deu após a sua "adoção"). Entretanto, afirma que três é filho demais e insiste dizendo: "Um é pouco, dois é bom, mas três é demais!". Essa expressão popular pode estar representando um discurso presente nesta família, visto que os pais não sabiam que iriam ter um filho biológico quando optaram pela adoção das meninas e tiveram que se ajustar à nova situação. O que pode ser corroborado com uma fala da mãe na entrevista final: *"a casa tá completamente fechada, três é demais! (Risos) A gente tinha programado dois, veio três de uma vez!".*

Assim, Yasmim demonstra dúvida ao narrar sobre a opção dos pais por terem três filhos, ao mesmo tempo em que significa que os pais queriam mais filhos, por outro lado, comenta espontaneamente que três é demais.

Segundo Bruner (1997),

As crianças pequenas freqüentemente ouvem relatos a respeito de suas próprias interações, feitos por irmãos mais velhos ou pelos pais(...) Porém o relato é feito de forma que contraria a sua própria interpretação e interesse. Ele mostra freqüentemente o ponto de vista e os objetivos de um outro protagonista, que pode estar em conflito com sua própria versão (p.77).

Logo em seguida, Yasmim parece então perceber que seus pais queriam cuidar delas, por isso as adotaram. Nesse momento, ela parece assumir uma nova compreensão sobre adoção ("E agora eu entendi *o que é adotar!*"). Adoção é... "*Cuidar da gente*". Quando questionada sobre o que é cuidar, ela significa como não deixá-la se perder e também alimentar. Sentir-se protegida parece um aspecto importante para Yasmim, já que demonstra preocupação em não se perder.

É interessante lembrar a história do primeiro desenho (exibido anteriormente), na qual uma criança se perdeu dos pais e uma ênfase foi colocada no fato de não se perder *nunca mais*. Ainda sobre a mesma questão, a mãe relatou, na entrevista final, vários episódios em que Yasmim demonstrou intensa dependência da irmã, a ponto de chorar quando se percebia *distante* desta em locais públicos. Mesmo durante nossos encontros, foi possível observar um comportamento de Yasmim muito voltado para o que a irmã fazia. A irmã parecia ser uma figura de apego significativa para Yasmim, como uma criança que chora ao se ver longe da mãe.

Yasmim e Júlia foram parceiras na separação da família biológica, na permanência no abrigo e estavam sendo no processo de adoção. Assim, alguns autores (Costa, 2005; Palacios, Sanchez-Sandoval & León, 2004) afirmam que é esperado que sejam estabelecidos fortes sentimentos de cumplicidade, compreensão e proteção entre os irmãos. Isto explica porque as relações entre irmãos sejam muito intensas, a ponto de, às vezes, formar um "bloqueio fraterno", como se não existisse abertura para outros vínculos afetivos.

Abaixo há outros aspectos sobre Família narrados por Yasmim:

Y: Eu gosto de pular corda, balanço, brincar de casinha, brincar de bebezinho, brincar de mamãe e papai...
L: Você gosta de brincar de mamãe, papai e filhinho? Com quem você brinca?
Y: Brinco? Na minha escola, eu brinco lá, eu brinco com a Sandra da minha classe, eu brinco que eu sou o bebê, ela fala que eu sou a bebezinha...Porque eu sou mais baixinha e todo mundo me chama de baixinha...
(...)
L: E como é que ela é como mãe, essa Sandra?
Y: Legal. (...)
L: Quando é que a gente fala quando uma mãe é boa e quando uma mãe é ruim?
Y: Eu só sei quando é uma mãe boa...
L: Então conta pra mim, quando é uma mãe que é boa.
Y: É... Cuida bem das crianças, **não perde as crianças...** Porque, antes, em outra casa que a gente morava, aí depois nóis foi num lugar. Aí a minha mãe foi lá, foi subir, **aí nós perdemo** dela.
(Entrevista 3 – Linhas: 297 a 349)
L: Conta pra mim, o quê que é uma família?
Y: Ah, essa é fácil, é umas pessoa grande que adota crianças pequena.
L: Ah...
Y: É um monte de pessoa: tem tia, avô... (...) eu tenho dois vô e duas vó...
(Entrevista 4 – Linhas: 142 a 152)

Estávamos conversando sobre o que Yasmim gostava de fazer, de brincar e ela comentou sobre uma brincadeira de mamãe e filhinha com uma amiga da escola. Então chegamos ao tema de mãe *legal*. Ao ser questionada sobre o que é ser "mãe boa", Yasmim explica que mãe boa é a que *cuida bem das crianças*, o que para ela significa *não perder as crianças*. Em seguida, conta um episódio que havia se perdido da mãe adotiva.

Dando continuidade ao diálogo comigo, Yasmim significa família como: *"umas pessoa grande que adota crianças pequena"*, ou seja, ela atrela novamente o significado de família ao de adoção e, ainda, amplia para outros membros da família extensa. Considerando a idade que Yasmim foi colocada no abrigo (1 ano e 7 meses) e seu processo de adoção tardia, é esperado que o significado de família para ela seja atrelado ao da adoção. Mas não basta levarmos em conta só a história pessoal, a capacidade de compreensão é um circunscritor importante para a elaboração do significado de família e adoção, como já foi comentado anteriormente.

No final do quarto encontro, solicitei a Yasmim que desenhasse sua família. A seguir, o desenho será apresentado de forma reduzida, acompanhado pela narrativa construída durante sua produção.

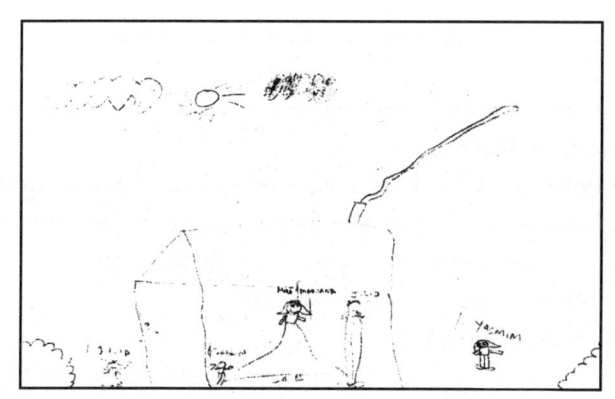

Entrevista 4 – 18/06/04 – Desenho da Família Atual

L: Esse é o desenho da sua família? Quem são essas pessoas?
Y: Mamãe e Papai. Júlio e Mariana. **Eu esqueci de fazer algum, algum bebezinho, um bebê chamado... Gabriel (...)**
L: Agora, eu preciso saber: está completa a família?
Y: Aham...
L: Não está faltando ninguém nessa família sua?
Y: (Indica que não)
L: **Cadê você nesse teu desenho?**
Y: **Ih! (Breve silêncio)** Por que a borracha de fora, eu nunca uso!
(...)
L: Então está bom? Está completa agora? Agora olha bem pro desenho da sua família. Está completa?
Y: Agora sim.
L: Quem então, fala pra mim quem está presente nesse teu desenho.
Y: **Eu sei quem mais tá faltando.**
L: Quem?
Y: **A Ju.**
(...)

L: Essa casa aqui que você desenhou é a sua casa?
Y: É.
L: E por que você está fora dessa casa e a Júlia também está fora dessa casa?
Y: Porque... Cê acha que vai couber mais alguém aqui?
L: Você acha... O que você falou, o que você perguntou?
Y: Você acha que vai couber mais alguém aqui?
L: Não vai caber mais nessa casa?
Y: (Indica que não).

(Entrevista 4 – Linhas: 693 a 761)

Ao efetuar o desenho de sua família, Yasmim coloca os pais adotivos e o irmão dentro da casa e se coloca fora da casa, assim como sua irmã. Ao produzir esse desenho para mim, Yasmim pode estar narrando sobre seu processo de inclusão nesta família. Ela explica que as meninas estão fora da casa por que *não cabe* mais ninguém ali. Isso me fez lembrar a narrativa sobre "um filho é pouco, mas três é demais" que pode estar relacionada com o processo de adaptação que está acontecendo nesta família. Ainda assim, Yasmim se coloca no desenho separada da irmã, esta tendo sido desenhada por último.

Como vimos no decorrer das narrativas de Yasmim, a irmã ocupa um lugar de referência para ela. Estiveram juntas na passagem de um contexto para outro; Yasmim chora quando se vê distante de Júlia; enfim, são companheiras na história de suas vidas. No entanto, o lugar que Yasmim colocou Júlia nesse desenho (por último e separadas) pode estar significando uma situação de competição entre as irmãs, no sentido de quem vai ser escolhida (adotada), talvez uma delas possa não ficar na família, lembrando a expressão "um é pouco, dois é bom, três é demais". Isso também nos remete ao modo como Yasmim se relacionava comigo durante as visitas, procurando ser sempre a primeira, mostrando-se aborrecida quando não era a sua vez. Assim, o desenho pode estar relacionado à maneira como a irmã, Júlia, está sendo posicionada e se posicionando nesta família. Penso que, por serem irmãs e estarem na mesma família adotante, o processo de adoção de uma está enredado ao da outra.

Em síntese, de acordo com os significados construídos nos encontros comigo, na perspectiva de Yasmim não há diferença entre família biológica e família adotiva, adotar é cuidar da criança e toda criança precisa de uma família. Os três momentos de seu processo de adoção equivalem a três famílias diferentes com quem conviveu. A irmã é sua parceira de vida, porém, rival neste processo de adoção. Seu processo de inclusão nesta família parece estar em andamento, pairam dúvidas sobre quem vai "caber" nesta família.

Conversando com Júlia

L: Você sabe o que é adoção?
J: Sei. Uma **pessoa tá ali e...** só que **tem um mooonte** (ênfase) **de moleque lá...** na creche **que eu tava lá.** Aí, os **pais vão querer adotar, ficar com a filha, é isso que é adotar.**

(Entrevista 1 – Linhas: 61à 63)

L: E por que você acha que a sua mãe e seu pai foram buscar vocês... naquela cidade e trouxeram para cá?
J: **Porque eles não tinham filhos e eles queria adotar um**, porque aí, ele adotou nós duas que eles escolheu.
L: Eles explicaram pra vocês quando eles conheceram vocês? Conversaram com vocês?...

J: Ele conversou que a gente **tem que ser da família**, só que **eles não falaram por que eles escolheram a gente.**
L: Por que você acha que eles escolheram vocês?
(...)
J: **Eu imagino, por causa que tem muitas... porque lá tem muitas crianças altas.**
L: Hum... mais velhas.
J: Mais muleques, mais velhas. Aí, eles quis escolher a gente por causa que **nós somos mais baixinhas,** né?
(Entrevista 1 – Linhas: 319 a 344)

Júlia, ao ser questionada se sabe o que é adoção, afirma prontamente que sabe e explica a ação de adotar como sinônimo de *ficar com a criança*, tomar para si. Ao mesmo tempo, apresenta a creche (abrigo) como ponto de partida de onde as crianças, que são adotadas, saem. O abrigo aparece nesse trecho nomeado como creche e caracterizado como um espaço que comporta muitas crianças. Júlia significa a creche (ou abrigo) como um lugar onde as crianças *estão*, como se estivessem à disposição para pais que queiram adotar.

Mais adiante na entrevista, Júlia, instigada por mim, continua a narrar sobre o seu processo de adoção e, neste momento, constrói um significado de que ela e sua irmã foram adotadas porque seus pais adotivos não tinham filhos e também por serem mais novas que as outras crianças do abrigo. Como ela fala, por serem mais baixinhas. Interessante notar que estes dois motivos para adoção delas foram relatados também pela mãe adotiva, na entrevista que realizei com ela. Mariana contou sobre sua dificuldade para engravidar e, por isso, ela e o marido decidiram adotar. Contou também que no cadastro do Fórum, haviam escolhido menina com idade entre 6 meses a dois anos (crianças pequenas), com possibilidade para grupo de irmãos. L : E por que a Júlia e Yasmim? (...) Porque você, Julia? Por que você acha que ele escolheu você?

J: Porque eles gostaram da gente! E gostou do nome.
L: Você acha que eles gostaram do teu nome? E do teu jeito?
J: Humhum.
L: E, e você? O que você achou deles?
J: (sorriu)
L: Como é que foi?
J: Foi legal. (tom baixo) Porque aí **eu pensei numa família, não tinha ninguém... porque em X (cidade onde morou)... minha mãe... aí que eu... aí que eu achei uma família que... que... me queria.**

(Entrevista 3 – Linhas: 106 a 122)

Ao dialogar comigo, Júlia foi construindo um significado para a adoção: o de ter uma família. Provocada por mim, Júlia justifica a escolha delas em função dos pais terem *gostado* delas e do nome. Quando questionada sobre o que achou deles, Júlia fala que *pensou numa família*, justificando que *não tinha ninguém*. Ela não falou sobre os pais, mas sobre o que eles representavam para ela: uma família. Fica evidente, através das reticências e interrupções nesta fala, que Júlia se remete à mãe biológica, após comentar que não tinha ninguém. Assim, quando Júlia fala que *achou* uma família, não era qualquer família, mas uma família que *a queria*. Este desejo de Júlia por uma família vai voltar a aparecer em outros momentos, assim como esse movimento de se remeter à mãe biológica.

L: Vocês conversavam entre vocês assim? As crianças de lá, vocês paravam pra brincar, pra conversar, vocês conversavam sobre esse assunto de ser adotada?

J: Não, **nós nem sabia aliás o que era ser adotada, ninguém contava pra gente**, ninguém falou adotada, adotado...(tom baixo)
L: E quando que você ouviu a primeira vez a palavra adotada ou adoção?
J: **Quando... eu fui adotada.** Quando eu tô sendo né, que eu ainda não fui...(tom baixo)
L: Por que você ainda não foi adotada?
J: **Porque ainda o papel não saiu.**
L: Que papel é esse? Conta um pouquinho pra mim, que eu não sei, você precisa me ensinar.
J: O papel de adoção. Sem o papel de adoção, não pode ser adotada ainda, porque não tem o juízo, e a criança não pode se machucar, porque se não o juiz não deixa ela morar na casa. Aí, **vai ter que voltar pra onde que tava.** (tom baixo)
(...)
L: Então, qual que é a diferença com o papel e sem o papel? (silêncio) O que você acha?
J: A diferença é que o papel o **juiz vai falar se a filha vai ser... a... de verdade a filha.**
L: Ah?
J: E a outra, quando ainda não foi adotada, **vai ser pelo menos um pouco** porque aí.. quando der o papel vai ficar tudo, tudo adotada, bastante.

(Entrevista 3 – Linhas: 134 a 172)

Evidencia-se nesta fala que é a partir da sua vivência de ser adotada, que Júlia vai construindo significados a este respeito. Ela diz que não sabia o que era ser adotada até o momento em que isso ocorreu com ela. Porém, imediatamente, ela se corrige, explicando que seu processo de adoção ainda não está finalizado, conferindo um significado de legitimidade através de um papel (registro). Júlia aponta ainda a possibilidade de devolução, relacionando ao sentido de não poder se machucar. Júlia atribui à pessoa do Juiz, o poder de definição sobre ser filha *de verdade*. Ela tem um entendimento que está sob guarda dos pais e que há uma pessoa externa (Juiz) que decide e avalia.

Outro ponto interessante que ficou evidente nessas narrativas de Júlia é que pouco se fala a respeito do processo de adoção com a própria criança. Ao narrar sobre ter sido adotada, Júlia demonstra que não teve oportunidade de conversar sobre a adoção em si, mas sobre um dever: *"tem que ser da família"*. Assim, parece não ter tido oportunidades para conversar sobre suas histórias.

L: E hoje você quer ser adotada?
J: Humhum.
L: Por essa família?
J: Por essa família.
L: Humhum... Só que aí você fala que você ainda vai ser adotada, você falou pra mim. Você falou que tem uma diferença de papel e sem papel, como que é isso?
J: Isso.... **é que o papel é mais interessante, porque a filha vai ser muito mais adotada, e os pais não vai poder devolver ela, porque se a filha machucar e o juiz mandar, aí, vai ser mais complicado.**
L: Hum.
J: Agora, porque o papel é muito mais interessante porque depois se a criança machucar, o juiz mandar ir pra aquela cidade de novo.
(...)
J: Por isso é mais importante o papel.
L: Porque aí com o papel não pode ser devolvido a criança, é isso?...
J: Humhum.

L: Que você está querendo dizer? Ah... Que que você ganha tendo o papel?
J: Ganha essa família, ganha a família e os irmãos todos. Além disso, a escola que é muito mais melhora também, porque ajuda as crianças a render também.
L: Humhum. E... por que você acha que esse papel ainda não saiu? Faz dois anos que você está aqui, o que que você acha que está esperando pra acontecer esse papel?
J: Eu acho que tá esperando porque vai ser...... alegria da gente.
(...)
L: O que que vem escrito nesse papel pra provar que você está adotada?
J: Que a adoção vai ser reinada.
L: Hum... que mais que vem escrito nesse papel?
J: **Que a filha não vai ser devolvida mais.**

(Entrevista 3 – Linhas: 250 a 281)

O registro de adoção é significado por Júlia como sendo a garantia de que não vai ser devolvida, como de fato o é, embora, haja casos em que a família adotante devolve a criança mesmo após o registro definitivo, segundo eu fui informada por membros da equipe técnica do Fórum. Parece, então, que existe uma ameaça de que pode ser devolvida enquanto esse registro não sair. Essa narrativa corrobora com uma informação passada por Júlio e Mariana, no primeiro contato. Naquele momento, os pais me contaram que ainda não haviam recebido o registro de adoção e que estavam com a guarda provisória, apesar de ter vencido o prazo de dois anos. Porém, não sabiam explicar o motivo da demora, suspeitavam que a dificuldade estava na cidade de onde as meninas vieram. Quanto às meninas, mencionaram que Júlia já havia perguntado várias vezes sobre o registro e sobre quando iria ter o sobrenome dos pais adotivos.

Evidencia-se a valorização desta família, pois, no momento em que eu pergunto sobre o que se *ganha* com o papel da adoção, Júlia explica que se ganha essa família, e *os irmãos todos e a escola também*. A escola é incluída neste "ganho", considerada então, como algo de valor que esta família lhe proporciona.

L: O que você sabe que é adotiva então?
J: **Adotiva é um pai que... que busca criança pra casa, só que não busca criança pra ficar dando comida e a criança quando crescer deixar ir embora**. Criança tem que dar comida e **ser honesta e quando ser honesta tem que saber a ler e a escrever porque o pai tá ajudando a criança e a mãe também**.
L: Hum... E que mais é ser adotivo?
J: **Adotivo a criança é... querer ter uma família de verdade e fazer as coisas certas**
L: E você quer ter uma família de verdade?
J: Quero.
L: E o que é uma família de verdade, Júlia?
J: **é um ajudando outro e ficar... e ser honesto um com o outro.**

(Entrevista 3 – Linhas: 206 a 218)

Ao narrar, Júlia foi construindo um significado de reciprocidade para a adoção. Para ela, existe uma relação bilateral entre os pais e a criança. Se, de um lado, os pais as recebem em casa, dão comida e ajudam, de outro, elas têm que corresponder sendo *honestas, aprendendo a ler e a escrever, e fazendo as coisas certas*. Ou seja, para Júlia, a adoção não implica só no recebimento (passivo) de cuidado físico, mas numa negociação, em que haja um vínculo cooperativo. Assim, ela fala da família adotante também tendo que ser honesta com elas, além de ajudar e dar comida. Nota-se que os valores apresentados nesta fala por Júlia, são valores preconizados nesta família: honestidade (essa palavra foi muito enfatizada), dedicação ao estudo, obediência e Júlia os atrela ao significado de ser adotada. Para ela, ser adotada é *querer ter uma família de verdade e, talvez para isso, tenha que fazer as coisas certas.*

Isso nos remete a Bruner (1997), quando ele comenta sobre a "política familiar": A criança (...) tem seus próprios desejos, mas dada sua dependência da família para obter afeto (...) ela tem a tarefa de equilibrar seus próprios desejos com o seu comprometimento com os outros membros da família (p.77).

Assim, parece que Júlia constrói um significado para a adoção pautada pelos valores que esses pais preconizam. Essa reciprocidade que ela menciona pode estar refletindo um discurso presente no contexto familiar. Parece que Júlia está nos contando sobre uma negociação constante entre ela e os pais, em que a adoção acontece em troca do "bom comportamento", evidenciando-se a questão do risco de devolução.

L: Me conta uma coisa, é... você tava me contando lá de onde você morava, né, que tinha outras crianças e tal, que não tinham pai... Por que as crianças vão parar lá, como é que faz que as crianças vão parar lá?
J: Porque... talvez eles não... eles... **porque se não tem casa, não tem pai, não tem nem aonde morar! Aí, eles ficam na creche**, lá que dá comida pra eles, têm pessoas da escola que até manda comida pra lá.
L: E você ficou morando lá?
J: Aí, ficou. **Aí, vêm os pais que, que foi lá e foi buscar a gente.** Aí, uma moça lá que chamava Benedita, ela falou pra nós que nós ia ser adotada.

L: Hum... E por que você foi parar lá?... Você não tinha família... você não tinha casa?...
J: Porque... não! Porque... (ri). Porque também a gente tava andando... só que antes...
L: Hum?
J: Quando a gente nasceu, foi pai, só que ele abandonaram a gente, e a gente... levou a gente pra creche.
L: Entendi, entendi. Então, vocês nasceram numa família... (fala interrompida)
J: Ficô ficando grande. E a gente tinha mais irmão e aí, a gente não podia ficar com eles, porque eles não conseguia criar a gente com aqueles tanto de criancinha baixinha.

(Entrevista 1 – Linhas: 178 a 192)

Júlia narrou sobre a colocação de crianças em abrigo. De uma forma generalizada, ela justificou a permanência das crianças na creche (abrigo) em função de não terem família e nem casa. Porém, quando questionada sobre a sua razão de ter vivido na "creche", sua primeira reação foi negar que não tinha família, explicando em seguida, que estava *andando* mas que havia tido uma família que a gerou e que a abandonou, levando-as (ela narra no plural, indicando também a parceria com a irmã) para a "creche". Júlia continua a narrar, construindo um significado para o abandono de seus pais biológicos: não conseguiam criá-las porque tinham outros filhos. É interessante notar que Júlia constrói uma história que tem uma seqüência temporal e marcas espaciais culturalmente definidas: nasceu numa família, foi abandonada, colocada numa creche (abrigo) e depois foi adotada.

L: Hum... Quem que te levou para X (cidade do abrigo)?
J: **Nossa mãe.**

L: Ela mesma? Ela te levou?
J: Só que ela foi de carro.
L: E ela falou tchau pra vocês?
J: Falou.
L: O que ela explicou?
J: Explicou, **ela explicou que ela não podia ficar com a gente por causa que tinha um monte de irmão cri**... mais baixinho, pouco grande... que... que não tinha jeito de cuidar assim, fazer muita... bag....muita coisa errada né, e ele... tinha que dar mamá, tinha que dar muita coisa pra ele dormir e **não dava nem um tempinho pra fazer a gente dormir também**. Cê sabe uma coisa: lá na Benedita, eu chupava mamadeira (riu).

(Entrevista 1 – Linhas: 200 a 212)

L: Você lembra assim como é que foi quando ela te entregou? Ou você não lembra, você era muito pequenininha?
J: Eu lembro, só que eu não sei se... **porque se eu falar que... se foi bom... aí, quer dizer que ela vai ficar triste, né?**

(Entrevista 1 – Linhas: 230 a 233)

Júlia construiu uma narrativa justificando a separação da mãe biológica, argumentando mais uma vez, que havia mais crianças para cuidar. Ao pensar especificamente no momento da entrega, Júlia mostrou-se reticente. Ao narrar a separação da mãe biológica, ela tenta protegê-la, mas considera a possibilidade de ter sido positiva a separação.

Bruner (1997) afirma que no centro de cada relato autobiográfico, existe um "si-mesmo" protagonista (narrador) em processo de construção e esse narrador não apenas relata, mas justifica. Para esse autor, os episódios narrativos que compõem a história de uma vida seguem uma seqüência e uma justificativa.

L: Onde você morava antes de vir pra cá?
J: Eu... eu morava com uma moça, chamada Cândida e o pai eu não sabia o nome, porque o pai eu não sabia se morava, porque eu não... agora, porque quando eu fui adotada, uma moça, que é a **Benedita**[5] **que eu morava lá né, na creche, falou que uma moça veio me trazer, desde quando eu tinha cinco anos. Aí, eu não conhecia o nome do pai, só da mãe que eles me falaram.** Aí, depois, eu fui morar na creche, lá eu tinha um monte de amigo...

[5] Benedita é a pessoa responsável pelo abrigo, segundo o relato das meninas.

(Entrevista 2 – Linhas: 71 a 80)

J: Eu morava lá na... na casa da minha mãe que chamava Cândida. Só que não sabia o nome da casa, da rua, nem o nome do pai, nem... principalmente dos irmãos.
L: Tinha quantos irmãos além de vocês?
J: Não conheci.
L: O que explicaram para vocês? A Benedita falava alguma coisa pra você sobre isso?
J: Eles falava... eles falava que a gente vai ser adotada, falava que um ainda vai adotar a gente... e cuidar... ela, ela **não queria dar a gente pra lá, não queria. Aí, teve que dar, era obrigada a dar, porque nós ia ser adotada, né, fazer o quê?** Aí, ela...
L: Quem não queria dar vocês?
J: A Benedita.

(Entrevista 2 – Linhas: 322 a 333)

Nessas narrativas, aparece a incerteza em relação à sua família de origem. Embora ela tenha mencionado o nome da mãe biológica em vários momentos, agora ela se apóia na informação recebida através da pessoa responsável pelo abrigo e aponta a idade em que ela saiu do abrigo como sendo a idade da chegada.

Ao narrar sobre a passagem do abrigo para a família adotante, Júlia constrói um significado de obrigatoriedade, justificando o fato de ter sido entregue pela pessoa que cuidava dela aos pais adotantes. Há indícios de um vínculo afetivo entre meninas e Benedita, já que essa narrativa sugere proteção da figura da Benedita. Júlia narra a efetivação da sua entrega para os pais adotantes, colocando ela e Benedita como elementos impotentes no meio desta negociação entre abrigo e pais adotantes.

Entrevista 3 – 27/05/04 – Desenho sobre Adoção

L: Então, conta pra mim o que é esse desenho?
J: Esse desenho quer dizer que **a minha família era bom, mas só que... essa port... oportunidade de ficar com essa mãe não podia, porque... ela não dava conta de cuidar de nós, aí, ela esperou a gente ficar deste tamanho e a gente foi crescendo. Aí, ela mandou...** ela disse assim que a gente não pode ficar todos morando ali. Aí, ela fez o seguinte: mandou, chamou táxi levou a gente até lá (abrigo), a gente ficou morando lá. **Depois a gente**

encontrou uma família que a gente podia ficar... e uma família que queria a gente.
(...)
J: A cidade do mundo que não dá certo (falando). A cidade do mundo que não dá certo (escrevendo).

(Entrevista 3 – Linhas: 864 a 869)

Júlia apresentou a família biológica como tendo sido *boa* e justificou não ter podido ficar com ela porque *essa mãe* não *dava conta* de cuidar delas (fala no plural, indicando a parceria com a irmã). A justificativa construída parece ter o objetivo de atenuar o significado de abandono da mãe. Júlia não falou simplesmente que essa mãe não a queria mais, ela construiu uma história. Penso que este é o modo em que Julia está se apoiando, nesse momento, para compreender seu processo de adoção: o modo narrativo. Ao narrar, ela vai explicando os eventos em forma de histórias organizadas no tempo (Bruner, 1997).

Em seguida, Júlia se remete à família adotiva como sendo uma família na qual podia ficar e, novamente, não qualquer família, mas uma família que: *"queria a gente"* (não só ela, mas a irmã também). Já que na família de origem não podia ficar (porque a mãe não cuidava ou porque não as queria?), esta família adotiva cuida e quer, e então, isto significa que elas podem ficar. Ela finaliza com o título do desenho: *"A cidade do mundo que não dá certo"*, estabelecendo um significado de que sua convivência com a mãe biológica foi algo que não deu certo.

É interessante observar que Júlia escolheu a palavra "oportunidade", como se o ficar com a mãe biológica fosse uma chance que pode ou não dar certo. Parece que Júlia está apresentando aqui uma noção de "circulação de crianças". Para ela, nesse momento, é admissível que uma criança venha a nascer numa família e depois passe a ser criada por outra família. Esta é uma prática de cuidado e educação existentes em camadas populares, as crianças transitam entre casas e famílias, porém, sem precisar romper o vínculo com a família biológica (Fonseca, 2002).

Aqui cabe uma observação sobre a capacidade de compreensão de Júlia, que parece estar em um nível sofisticado para ser capaz de construir esse tipo de narrativa.

No quarto encontro, num determinado momento, Júlia estava brincando com a casinha e os bonecos, encenando uma história de uma família que era composta pelos pais e duas filhas. Eu pedi a ela que me contasse sobre aqueles personagens que havia criado.

L: É. Então, Júlia, conta uma história pra mim dessa família, que você contou...
J: Essa família era... **é boa, até hoje eu gosto.** Tudo isso que ontem, minha mãe colocou de castigo, eu fiquei chorando porque **eu sinto falta da Cândida.**
L: Você sente falta da Cândida?
J: É, ela também era especial como aqui.
(...) Porque lá...Também era uma mãe boa. Eu sinto falta do rosto dela.
L: Você sente falta da Cândida que foi sua mãe?
J: Hum, hum... **Porque ela era muito especial pra gente.**
L: Como assim? Como que é uma mãe especial pra você?
J: Uma mãe, assim, feliz com a gente, não faz nada de mal, cuidar direito, fazer as coisas certas. E mandar as crianças fazer o que podem em casa, pode fazer as coisas certas.
L: E ela deixava vocês fazerem?

J: Fazer o quê? As coisas errada?
L: As coisas que vocês queriam, uai!
J: Hum, hum...
L: E ela cuidava de vocês?
J: Cuidava. **Cuidava, né?**
L: Mas então por que ela levou vocês pra creche?
J: **Porque tinha mais crianças, e as crianças ficavam arrependidas porque tinham que cuidar só... e ... quer dizer, tinha mais irmãos, e os irmãos ficam arrependidos porque a mãe teve que abandonar aqueles pra dar mamá pros outros...É isso que me deixava triste. Eu sinto falta dela.**
L: E aqui, como é que é aqui?
J: **Agora, aqui é bom, também.**
L: O que é bom, Júlia?
J: Tem uma mãe também que ajuda a gente. Igual aquela lá. Essa aqui, ela cuida muito mais, porque ela não pode deixar a gente na rua, porque ela vai pegar... E se ela não tivesse gostado da gente, ela tinha deixado a gente lá. Então, ela também gosta da gente. O importante é que eu quero ter uma família de verdade. Isso é importante, que a gente queira ter um pai e uma mãe. Isso pra mim que é importante.
(...)
J: Aqui também é legal, igual é lá. Lá também é especial como aqui, mas o que eu sinto é que mais especial, porque é muitas crianças, ela não dava conta de cuidar de nós duas. Não tinha jeito, porque ela ficava é... rouca, louca. As duas, rouca e louca, porque rouca ela tem que gritar pra falar, que precisa dar mamá também. E louca é que as crianças ficam chorando. **Não tem jeito.** Por isso que eu também gosto dela, porque **ela também fez de cuidar das crianças,** e até hoje ela tem um terço desse tamanho.

(...)
L: Como é que você acha que eles [os outros irmãos] tão vivendo agora?
J: Eles tão vivendo numa boa também (sorriu), igual eu e a Yasmin. **Também tô me sentindo muito bem.** (pausa) Ela me fez até chorar aquele dia.
(...)
J: Eu senti saudades da Cândida, por isso que me fez chorar. Aí eu chorei muito, fiquei até de castigo, por causa que eu não parava de gritar.

(Entrevista 4 – 396 a 487)

Esse trecho nos mostra como, por meio dessa experiência narrativa comigo, Júlia foi engajando-se num processo de elaboração relacionado ao sentimento de perda da mãe biológica.

Primeiramente, podemos perceber que ela optou deliberadamente por falar de suas famílias, em contraste com a opção oferecida para falar da história criada naquele momento com os bonecos e a casinha. Assim, me parece que há o desejo de falar sobre suas famílias, pois ela me coloca na posição de quem quer ver ou ouvir. Eu também me coloquei na posição de quem quer ouvir, afinal, a cada encontro, eu reafirmava meu propósito de aprender sobre adoção e falar sobre adoção para Júlia, parece ser o mesmo que falar de suas famílias.

Júlia começou falando da sua família atual, dizendo que *é boa* e que *até hoje gosta*, porém, em seguida, introduziu o sentimento de falta da mãe biológica para justificar seu "mau comportamento" do dia anterior e conseqüente castigo (o que ela vai explicar no final do trecho). A partir daí, Júlia, conversando comigo, estabeleceu uma comparação entre a mãe biológica e a adotiva, igualando-as com significados positivos: *boa, eu gosto, era especial como aqui, também era uma mãe boa*. Em seguida, ela retomou a separação da mãe biológica e a explicou apontando os irmãos como responsáveis, construindo uma narrativa que isenta a mãe de culpa e também os próprios irmãos *(arrependidos)*. Há indícios de que Júlia esteja nos trazendo o motivo do abandono atrelado à pobreza e não a maus tratos. Logo após, ela colocou a mãe adotiva na posição de uma mãe cuidadosa e que lhe quer bem. Essa narrativa sugere uma negociação de Júlia consigo mesma. Ao falar alternadamente de uma mãe e de outra, comparando-as, igualando-as, mas queixando-se pela falta da primeira, ela vai dialogando com seu sentimento de perda, ancorando-se no acolhimento da mãe adotiva. Assim, me parece que Júlia construiu um significado de complementaridade para suas duas mães: uma que gerou, mas não pôde criar e a outra que não gerou, mas que pode criar.

 Vejo essa narrativa como um movimento de elaboração ocorrendo neste momento porque, embora Júlia coloque em relevo seu sentimento de perda, ao final, evidencia-se um sentimento de conformidade (acordo, harmonia): **"O importante é que eu quero ter uma família de verdade. Isso é importante, que a gente queira ter um pai e uma mãe. Isso pra mim que é importante".** Aqui, parece que Júlia estabelece um acordo consigo mesma e abranda seu sentimento de perda da mãe biológica, significando a família adotiva como aquela que é verdadeira, aquela que ela pode ficar porque *"cuida muito mais... não deixa na rua... vai buscar... gosta...".*

 Quero ainda retornar à expressão de Júlia sobre sua mãe biológica: eu sinto falta do rosto dela e correlacionar com uma fala, já comentada, que aponta para incertezas sobre sua origem, quando ela relata que se apoiou em informações recebidas através de Benedita (pessoa responsável pelo abrigo onde estava). Isso nos mostra que Júlia está construindo sua história baseada em suas emoções, em suas lembranças e em informações de "outros" acumuladas ao longo de sua vida. E, se pararmos para pensar em nossas próprias vidas, veremos que provavelmente foi assim também que fomos construindo nossa história pessoal: a partir de nossas emoções, lembranças e informações de "outros" acumuladas ao longo de nossas vidas.

De acordo com nosso referencial, a pessoa estabelece múltiplas interações e, por meio delas e nelas, vai se dando o processo de construção de si ao longo de toda a vida. Nessas interações, os indivíduos se constituem reciprocamente enquanto sujeitos e negociam significados (ou re-significam) de eventos, coisas, pessoas, lugares e sentimentos (Rossetti-Ferreira et al., 2004).

Ainda sobre esse trecho que acabei de discutir, gostaria de acrescentar uma menção sobre a utilidade do material de apoio na entrevista com crianças. Essa narrativa, por exemplo, foi produzida a partir da brincadeira com a casinha e os bonecos. Trata-se de uma atividade pouco estruturada, sem padrão de avaliação pré-estabelecido, e a maneira como busquei desenvolver a conversa visou primordialmente estimular a criança a conversar comigo sobre sua adoção. O material de apoio pode ser um instrumento facilitador da conversa com crianças favorecendo a produção de diferentes tipos de narrativas.

A seguir, apresento o desenho sobre escola, seguido pelas narrativas que o acompanharam. Júlia, ao começar a desenhar uma casa, interrompeu o desenho dizendo que não sabia desenhar uma escola. Em seguida, optou por desenhar a hora do recreio, pois era quando podia "dar um papinho" e comer lanche.

Entrevista 5 – 05/07/04 – Escola

J: "O mundo real", **onde as pessoas pretendem se segurar das artes, das alegrias, das dificuldades, consegue... consegue fazer a pessoa ficar feliz.** A pessoa que está do nosso lado não vai sair de nós. Agora, no mundo mau, no mundo triste, a pessoa vai sair do nosso lado, não vai? Porque a gente não tá conseguindo, a pessoa vai conseguir. **Como eu, que tenho uma dificuldade, por isso que eu tenho que ir numa psicóloga.**
L: Por que você tem que ir na psicóloga?
J: **Porque eu não consigo segurar as minhas arte.**
L: Ah...
J: E a psicóloga me ajuda muito.
L: Então a sua psicóloga ajuda você a aprender a controlar, não fazer a arte.
J: Aham...

L: É isso?

J: Sempre estando lá, agora a **minha irmã não vai mais, os pais consegue segurar ela. Mas eu eles não consegue...** Eu tenho muita dificuldade.

L: Dificuldade de quê?

J: De conseguir fazer... as coisa errada, **não consigo fazer as coisa certa.** Aí por isso que **eu tenho vergonha** de contar umas coisas pras pessoas, que eu fico envergonhada.

(Entrevista 5 - Linhas: 1236 a 1273)

Essa narrativa evidencia que Júlia está se constituindo como alguém que *não consegue fazer as coisas certas* e, por isso, precisa de uma ajuda externa, ou seja, de um outro para lhe guiar para o *mundo real*, que é significado como um lugar onde as pessoas conseguem se segurar, *se controlar*. Evidencia-se a comparação com a irmã. Esta é definida por Júlia como aquela que os pais conseguem segurar e, portanto, não precisa de ajuda da psicóloga. Esses significados construídos por Júlia me fazem lembrar o comentário da estória do Patinho Feio que Júlia trouxe no primeiro encontro:

"Eles colocou um monte de água quente por cima pra ele acordar, que ele estava dormindo ainda e a mãe era boazinha também. Aí, **colocou pimenta** na comida do Patinho Feio, na sobremesa... no café da manhã. Aí, ele foi embora também porque... esse irmãozinhos, um gosta de ficar brincando com o outro, gosta de fazer com muita clareza o irmão. Eles se separam, eles pr... o Patinho Feio costuma procurar os irmãos, **tudo o que acontecia lá ele sempre ajudou eles, e os irmãos não ajudam.** Eles já ajudou os irmãos... já ajudou tudo pros irmãos, mas eles não faz ficar feliz o Patinho Feio, porque o Patinho fez de tudo, fez de tudo pra fazer eles ficar irmão mesmo com... alegres assim, mas só que eles não faz. Aí, eles quer que o Patinho feio fica cada vez mais

chata, pra poder... pra poder fazer que ele que fez a maldade, eles que fez, porque Patinho Feio queria muito... ele quis nascer, só que ele nasceu marronzinho, porque a mãe não teve clareza e os irmãos também não queria...criar... o irmãozinho que nasceu **marrom**, porque não deixa ele crescer..."
Entrevista 1 com Júlia – Comentário sobre a estória do Patinho Feio.

Para Nelson (2000), o processo de construção de identidade da criança "não é uma construção individual, mas também não é uma construção social, é uma construção colaborativa e que continua por toda a vida" (p.194). Assim, enquanto parte constitutiva do processo de adoção, Júlia está submetida a uma série de fatores que circunscrevem seu processo (história de abandono, vivências no abrigo, expectativas dos pais adotantes, etc). Ao mesmo tempo em que ela está se relacionando com esses fatores, pode vir a negociar e, até certo ponto, ter a possibilidade de modificar o percurso de seu desenvolvimento.

Nesse sentido, as relações envolvidas no processo das adoções devem ser consideradas quando se pretende discutir adoção, tanto de bebês quanto de crianças mais velhas. Discutir adoção partindo de avaliações sobre as crianças, ou sobre o passado das crianças, é tratar o assunto de forma unidirecional e parcial. O desenvolvimento de uma criança adotada não pode ser visto de maneira isolada, desconectado do contexto em que está inserido, das peculiaridades de relacionamentos de cada família adotante e dos elementos únicos que configuram a trajetória de cada criança.

Finalizando, apresento a fotografia do desenho produzido por Júlia para a capa do livro que foi construído no último encontro.

(Último encontro – 02/08/04 – Capa do Livro)

J: Esse desenho que eu tô desenhando é a minha... era a minha casa. Não sei desenhar casa direito.
L: Era a sua casa, onde? Em qual casa?
J: Calma aí. **Isso aqui era onde guardava os lixos pro lixeiro vir pegar.** Agora sim eu vou desenhar a minha casa.
L: Qual casa que você morava?
J: Lá na **casa da Cândida.** É, sabe, quando eu nasci também, eu nem sabia se... eu tinha uma mãe, porque eu era bebê...**Essa é a minha mãe e eu, no colo dela.**
L: Por que tinha essa casinha de lixo aí?
J: Aí o lixeiro passa, aí todo mundo que tiver em volta aqui, aí pega o lixo, coloca lá dentro, entra na casa. Porque coloca ali, tem pessoa que tranca, tem chave, porque tem pessoa... A minha vizinha coloca o lixo lá, eles vai lá e pega, porque o dela não tem nada de comida, eles fica pedindo. Então eles vai lá e abre o nosso lixo, fica tirando ovo do lixo, que já usou. Coloca aí o quê que vai escrever. **"O mundo das histórias".** "O mundo das histórias", Júlia.

L: Então me conta uma coisa: ela tá com você no colo, nenezinho. E aí, como é que é?
J: Aí quando eu cresço, ela me leva lá, leva eu e a minha irmã... lá pra ... prá casa lá da Benedita, onde eu morava, depois veio alguém lá, adotou a gente e ficamos aqui!
(Entrevista 6 – Linhas 239 a 296)

Em síntese, de acordo com os significados construídos nos nossos encontros, a perspectiva de Júlia sobre seu processo de adoção nos sugere alguns pontos de reflexão:

- a adoção é uma forma de pertencer a uma família, que é dependente não só de um registro para garantir o vínculo de filiação, mas também de uma configuração de relações recíprocas que se estabelecem entre a criança e a família?

- o risco de devolução pode estar permeando as relações familiares?

Capítulo IV

PONTOS PARA REFLEXÃO

Ao focar nossa análise nas narrativas dessas crianças sobre seus processos de adoção, estudamos a adoção tardia a partir de uma perspectiva privilegiada. Assim, Billy, Yasmim e Júlia nos ensinaram sobre a relação intrínseca e dialética existente entre o processo de adoção tardia e os outros contextos (o abrigo, a família biológica e o Sistema Judiciário). No entanto, ao mesmo tempo em que se evidenciou a necessidade de valorizar a história de vida, também evidenciou-se um processo de silenciamento do passado dessas crianças circunscrevendo as práticas associadas ao processo de adoção. Dessa forma, essa ambigüidade presente no processo de adoção tardia nos sugere a necessidade de um programa de acompanhamento familiar pré e pós-adoção, em que a criança possa ocupar um lugar com direito à voz e que sua história de vida venha a ser respeitada e valorizada, assim como as expectativas mútuas entre pais e filhos possam ser discutidas em diferentes momentos.

Assim sendo, este trabalho nos proporcionou dois eixos principais de discussão: o primeiro, sobre a possibilidade de conversar com a criança; o segundo, sobre a possibilidade de estudar adoção a partir da perspectiva da própria criança.

Sobre a possibilidade de conversar com a criança

Buscando investigar a perspectiva das crianças sobre seu processo de adoção, organizamos uma situação de conversa que possibilitou às crianças a construção de narrativas sobre sua história de adoção. Nesse sentido, gostaríamos de compartilhar algumas reflexões sobre o procedimento construído para esta pesquisa.

Primeiro, como argumentado no capítulo 2, optamos por uma "conversa", ao invés de uma "entrevista", para ressaltar um contexto de investigação que consideramos ser eminentemente dialógico, no qual as interações verbais favorecem aos interlocutores oportunidades de expressão de si (Lopes de Oliveira & Vieira, 2006).

É interessante lembrar que essa maneira de investigar a criança não é recente na história da Psicologia. Já na década de 1930, havia uma preocupação de Piaget em usar o termo "entrevista clínica". Quando Piaget passou a valorizar a ação e a conversação sobre a ação do sujeito, que escolheu definitivamente a expressão "método clínico". Ele definiu esse método como sendo uma junção das vantagens do método dos testes e da observação direta e o igualou ao método de diagnóstico utilizado por psiquiatras (Franco, 1997). Também Wallon (1989 – versão original, 1945), em seu livro *As origens do pensamento na criança*, já utilizava o termo "conversas", para contar sobre sua pesquisa com crianças numa escola francesa.

Considerando então uma conversa, minha presença foi introduzida como participante da pesquisa. Entretanto, essa presença não se caracterizou somente por fazer perguntas, mas também por estar "fisicamente" na casa das crianças (sentada no chão com elas, brincando também). Essa maneira de me fazer presente se deu igualmente nos encontros com Billy, que chamei de Primeira Fase do trabalho, e nos encontros com as meninas, que chamei de Segunda Fase. Corsaro[6] (apud Delgado & Müller, 2005) considerou, em suas pesquisas, uma estratégia que ele chamou de "entrada reativa" o que consistia em sua constante permanência nas áreas da escola dominadas pelas crianças (por exemplo, no *playground*). Com isso, ele esperava que as crianças reagissem à sua presença quando ficava nestes espaços em que raramente os adultos se aproximam, o que lhe permitiu que chegasse a certas categorias de culturas da infância.

[6] CORSARO, W. *The Sociology of childhood.* California: Pine Forge, 1997._____.

We're friends, right?: inside kids' cultures. Washington DC: Joseph Henry Press, 2003.

A maneira de me fazer presente nas visitas domiciliares se deu nessa mesma direção, buscando uma relação de proximidade com a criança, na "altura" dela e também no "espaço" de referência dela.

Bruner (1997) cita Judy Dunn[7] para comentar o apelo que essa autora faz para que as crianças sejam estudadas num contexto no qual podemos ser "sensíveis às sutilezas de seu entendimento social". Mas Bruner prolonga seu comentário, enfatizando que esse apelo não é uma questão somente para situar ecologicamente a pesquisa psicológica. Ele afirma que o ponto principal que essa autora quer mostrar é que:

[7] DUNN, J. *The Beginnings of Social Understanding* (Cambridge, Mass.: Harvard University Press, 1988)

> o entendimento social, por mais abstrato que possa eventualmente se tornar, sempre começa como práxis em contextos particulares nos quais a criança é protagonista, é agente, uma vítima, um cúmplice. A criança aprende a desempenhar um papel no 'drama' cotidiano familiar antes que lhe seja exigida qualquer narração, justificação ou desculpa (p.77).

Por outro lado, se a entrevista domiciliar é rica como recurso na constituição de um corpus de pesquisa, também se evidenciam dificuldades deste procedimento com crianças, visto que os pais são os responsáveis e por isso, mediadores do encontro entre pesquisador e criança. A fim de exemplificar essa reflexão, discutirei a seguir algumas situações vivenciadas nessa pesquisa.

Durante todos os encontros com as meninas, tive a oportunidade de presenciá-las desempenhando tarefas escolares orientadas pela mãe, assim como também tive em mãos o material escolar, as suas produções e até a agenda onde ficavam registrados os recados trocados entre pais e professoras. Nos primeiros encontros, eu conversava com as duas meninas individualmente, porém na mesma visita. Aos poucos, fui percebendo que o 'poder' ser entrevistada, ou a ordem da entrevista, era condicionado ao fato de a criança ter 'terminado' a tarefa escolar.

Diante da situação observada, optei por alterar a forma como estavam acontecendo os encontros. Yasmim era sempre a primeira, porque Júlia não havia terminado as tarefas escolares. Eu percebia também, que havia uma competição entre elas. Passamos, então, a diferenciar os dias de visita para cada uma das meninas e combinar previamente com a mãe e as crianças quem seria entrevistada.

Outro ponto a ser considerado, é que um adulto sempre estará presente na residência e o pesquisador também estabelece uma relação com este adulto que, por sua vez, pode necessitar falar de si e/ou sobre a criança. Esta situação pode comprometer a relação de confiança da criança com o entrevistador, já que lhe é garantido sigilo desde o início. É preciso estar sempre atento a esse respeito, inclusive pensando em termos gerais de pesquisas com crianças, o que se pode garantir para elas e o que elas compreendem de um processo de pesquisa.

Outro exemplo sobre a entrevista domiciliar remete-se ao último encontro com Billy, quando a neta Josiane (figura importante naquela dinâmica familiar) estava presente. Eu acabei incluindo a Josiane na nossa conversa, atendendo ao pedido de Billy, o que foi muito interessante. Dessa forma, foi possível observar a relação entre ambos (marcada por um encantamento recíproco) e entre eles e a mãe de Billy (que se mostrou atenciosa e afetiva, tanto com a neta Josiane quanto com Billy). Estas situações evidenciam a necessidade de flexibilidade por parte do entrevistador e abertura para mudanças durante o processo de investigação, que evidenciam também a possibilidade de maior abrangência da situação pesquisada.

Dessa forma, a visita domiciliar nos dá condições de observar situações que, num contexto diferenciado (consultório, universidade), não seria possível observar. Nesse sentido, consideramos a visita domiciliar como favorável também para um acompanhamento pré e pós-adoção.

Ainda comentando sobre as fases do trabalho, é importante registrar nosso posicionamento sobre essa opção, discutindo o que nos levou a redimensionar o procedimento de entrevista com as crianças.

Nos encontros com Billy, eu começava a conversar com ele retomando o motivo de minha presença ali e perguntando como ele estava no dia, procurando "aquecer" a conversa. Em seguida, eu, simplesmente, o acompanhava nas escolhas do material, nas brincadeiras, como se estivesse "a um passo" atrás dele. Minhas perguntas (que não haviam sido previamente estabelecidas) buscavam narrativas sobre o processo de adoção e eram introduzidas no meio das atividades, às vezes no papel de pesquisadora (Lilian), outras, no papel de um personagem de sua brincadeira (é claro que os dois papéis se confundiam). Assim, não havia direção da minha parte nas atividades, com exceção do último encontro, quando pedi a ele que fizesse um desenho da sua família.

Aqui, novamente percebemos uma influência "piagetiana". Franco (1997) relata que Piaget recomendava um equilíbrio entre o momento de a criança falar livremente (enquanto o pesquisador atua quase como um observador) e o momento no qual o pesquisador persegue alguma hipótese particular, havendo poucas regras para isso, como o não-sugestionamento e a não-interrupção do curso das idéias do entrevistado.

No entanto, ao longo dos encontros, algumas observações foram me provocando inquietações, como por exemplo, seu movimento de esquiva durante as conversas, o modo ansioso de controlar o tempo, a insaciável busca pelo material de apoio e as atividades, assim como seus próprios brinquedos. Naquela época (primeira criança entrevistada), me questionei em relação ao procedimento em si e minha habilidade enquanto entrevistadora. Esses eram fatores que estavam, certamente, circunscrevendo aquela situação de entrevista, assim como as características pessoais de Billy e minhas.

Além disso, como havia previsto e, desde o início, combinado com ele, reservei o último encontro para a despedida e procurei encerrar o processo cuidadosamente, conversando sobre meu estudo e sua contribuição para a pesquisa. Contudo, fiquei com uma sensação de que talvez não tivesse "trabalhado" efetivamente o encerramento, pensei que só verbalmente não era suficiente, eu poderia ter feito de uma maneira mais concreta.

Assim sendo, após uma cuidadosa reflexão, optei por alguns "ajustes" no procedimento: a redução na quantidade de material a ser levado a cada encontro (o material foi, basicamente, o mesmo); um pouco mais de direção em relação às atividades durante as conversas; e a construção do livro com os desenhos produzidos pelas próprias crianças. Porém, só confirmei essa intenção após o primeiro encontro com cada uma das meninas.

No momento de redação deste livro, revendo o processo, penso que a quantidade de material contribuía para dispersar a atenção de Billy, porém não só isso, o próprio tema, como vimos na análise das suas narrativas e, também, as características pessoais do Billy. Quanto à questão da direção, vejo que está basicamente relacionada com a maneira de usar o material de apoio, talvez de forma mais organizada e, sobretudo, visando obter produções gráficas de cada encontro para depois devolver para as crianças no encerramento. Assim, eu iniciava cada conversa retomando o objetivo da pesquisa, aquecendo a conversação para um tema previamente escolhido (Aquecimento-Abertura). Num determinado momento, eu apresentava o material (Brincadeira-Desenvolvimento), depois eu fazia um breve resumo do que havíamos conversado naquele encontro e propunha o desenho sobre o tema (Desenho-Fechamento), que era seguido sempre por uma história com título e, assim, terminávamos nossas conversas.

Essa reflexão nos aponta uma metodologia construída ao longo da pesquisa, o que é enfatizado na literatura sobre pesquisas com crianças, no sentido de se flexibilizar os procedimentos planejados de acordo com as características de cada criança. Além disso, esta reflexão explicou a criação de uma situação de entrevista que possibilitou às crianças falarem sobre seu processo de adoção. O material de apoio e os temas das "perguntas" (em ambas fases) foram cuidadosamente selecionados visando à produção de narrativas (diferentes tipos) sobre o processo de adoção.

Nota-se, no entanto, que foram propostos materiais e atividades pouco estruturadas, sem padrões de avaliação pré-estabelecidos. Assim, evitou-se claramente utilizar qualquer teste ou escala. Minha intenção, desde o início, era ouvir a criança contando sobre seu processo de adoção e não avaliar a criança. Esse foi um ponto crucial nesta pesquisa, porque optei por uma direção oposta à que a maioria das pesquisas tem sido conduzida. Definitivamente não desejava avaliar as crianças, nem compará-las e muito menos enquadrá-las em padrões predeterminados. De acordo com o nosso referencial (Rede de Significações), as crianças constroem, através de experiências narrativas com o outro, seus próprios significados sobre o mundo e sobre si e se relacionam com o mundo a partir desses significados.

Nesse sentido, endosso a posição de Piaget na década de 1920, quando se colocou contrário ao uso de testes padronizados como ferramenta para o estudo das idéias infantis, enfatizando que o teste "falsifica a inclinação natural do sujeito ou, ao menos, coloca em cena esta possibilidade" (Franco, 1997).

Trazendo para o campo da adoção, essa mesma argumentação ganha ainda mais importância, se pensarmos que a partir de um teste, o pesquisador discutirá "achados" sobre a criança. Esta parece ser já uma prática bastante comum no campo da adoção: falar sobre a criança, tomar decisões sobre sua vida... Como aprendemos com as crianças dessa pesquisa, ouve-se muito pouco as crianças e fala-se muito pouco sobre adoção com elas. As crianças circulam de um contexto para outro (família biológica, abrigo, família adotante), submetidas de maneira impotente às decisões dos adultos, muitas vezes, sem compreender o que está acontecendo. Contudo, se quisermos elevar a criança para uma posição de sujeito ativo e de direitos dentro do processo de adoção, teremos que aprender a ouvir a própria criança.

Ouvir, segundo o dicionário UNESP do português contemporâneo (Borba, 2004), quer dizer: *"prestar atenção na fala; escutar; inquirir; obedecer; atender; ficar sabendo..."* ou... **conhecer** (acréscimo meu). Conhecer o que ela fala, conhecer seu conhecimento.

Aí se encontra o segundo grande desafio desta pesquisa: a análise das narrativas produzidas durante as nossas conversas. Não pretendo me estender sobre o procedimento de análise, por confiar que nos Capítulos 2 e 3 isto já foi minuciosamente exposto. Contudo, o que enfatizarei é a necessidade da abertura e flexibilidade no processo de análise para que seja possível "apreciar" e "degustar" diferentes formas de linguagem e de narrativas da criança. Talvez pareça estranho o emprego destas palavras, mas a intenção é destacar a sensibilidade do movimento de análise. Como Delgado & Müller (2005) argumentam, "nosso maior desafio é construir um movimento de estranhamento e proximidade com as crianças, com nossas investigações, com as análises..." (p. 165).

Assim, como Souza (2005) sugere, é preciso aprender a ver o que não se estampa de imediato, o que não se dá apenas pela evidência factual e nem se esgota na explicação, ou seja, é preciso recuperar a "estética da existência":

Isto supõe, do ponto de vista metodológico, um redirecionamento do pensamento no interior do campo de pesquisa em Psicologia, explicitando um rompimento com o positivismo e, tomando, portanto, a Estética como ponto de partida e desvio (...) Uma educação estética é formar pessoas capazes de criar um novo modo de se acercar da verdade que se refugia nos objetos, nas paisagens, no rosto de uma pessoa (...) (p.20).

Em outras palavras, arrisco dizer que o movimento de análise é deixar-se "viajar" com a criança para vários lugares e por meio de diferentes veículos como músicas, filmes, histórias, contos infantis, desenhos, brinquedos, palavras... conforme ela vai nos guiando. Por isso, um toque de poesia, de inspiração, de ludicidade se faz necessário nesse movimento.

Para exemplificar esse movimento, é importante comentar sobre o processo de análise das conversas com Billy. A princípio, durante os encontros, parecia que Billy não estava "falando" nada, somente brincando. As "poucas" narrativas sobre seu processo de adoção sugeriam significados isolados, incipientes. Porém, ao longo de uma leitura atenta do material produzido nas conversas e de informações registradas em notas de campo, pouco a pouco, como peças de um "quebra-cabeça" se encaixando, percebi que Billy estava me contando sobre seu processo de adoção, a partir da perspectiva dele.

Dessa forma, ao pensar no processo de adoção a partir da perspectiva dessas crianças, estamos nos baseando nas narrativas construídas *por elas, em interação comigo, no período* em que foi desenvolvida esta pesquisa. Ou seja, uma situação de entrevista foi criada, em que diferentes redes de significações se configuraram e se interligaram de modos específicos. Outro pesquisador, com outra postura ou outra abordagem teórica, possivelmente teria outro resultado e relataria, talvez, outros conteúdos. Assim, não pretendemos estabelecer sentidos de verdade, tampouco, de universalidade do *corpus* de pesquisa.

Esta explicação nos tranqüiliza frente a uma das discussões polêmicas da literatura sobre entrevistas com crianças: a validade e confiabilidade das respostas. Entendemos que não podemos falar de *uma verdade*, pois não há *uma* realidade a ser apreendida, mas algumas reflexões sobre o processo de adoção tardia a partir da perspectiva de Billy, Yasmim e Júlia naquele momento da sua inserção na família adotiva.

Sobre a possibilidade de estudar adoção a partir da perspectiva da própria criança

Ao conversar com essas crianças, foi possível conhecer mais sobre o processo de adoção tardia no cenário brasileiro. Ao narrarem para mim suas histórias, elas construíram significados sobre questões relacionadas à adoção tais como o abrigamento, a família biológica e o Sistema Judiciário que nos permitiram levantar três tópicos interdependentes de discussões. São eles: a importância de se considerar os contextos interligados ao processo de adoção tardia; o processo de silenciamento circunscrevendo as práticas relacionadas à adoção; a necessidade de um programa de acompanhamento pré e pós-adoção.

Os contextos interligados ao processo de adoção tardia

Começando pela passagem de um contexto para outro (família biológica, abrigo, família adotante), as crianças nos mostraram que circularam de um contexto para outro, submetidas de maneira impotente às decisões dos adultos, muitas vezes sem compreender o que acontecia.

O Sistema Judiciário tem o papel de mediar a relação entre adotantes, pais biológicos, crianças e instituições (abrigos, Conselhos Tutelares, órgãos de assistência à criança e ao adolescente e serviços de atendimento à famílias). As crianças demonstraram conhecer esse papel, mas construíram um significado de fiscalização para ele, que provavelmente é partilhado com a família, introduzindo a questão da devolução e personificando, inclusive, a garantia da não devolução na figura do Juiz. Cabe ressaltar o quanto essas crianças se mostraram vulneráveis às decisões dos adultos.

Além disso, Billy, Yasmim e Júlia nos contaram sobre suas vivências nos abrigos e nos mostraram que este faz parte da sua história de relações, de vínculos afetivos, de aprendizagem, de vida, apesar de mencionarem o abrigo como um lugar de passagem e com características negativas. Billy inclusive construiu um significado de que a adoção acontece *porque é ruim ficar no abrigo*, como se, em uma situação hipotética, o abrigo não sendo ruim, as crianças não precisariam sair dele.

O Estatuto da Criança e do Adolescente (ECA, Brasil, 1990) estabelece que o "abrigo entidade" deve ter por objetivo a proteção da criança e do adolescente, a reintegração à família biológica e ser medida provisória e excepcional. No entanto, o estudo realizado pelo IPEA (SILVA, 2004) estimou que aproximadamente oitenta mil crianças brasileiras estão vivendo em abrigos e elas possivelmente já passaram ou irão passar vários anos de sua infância nessas instituições. Anos de vida que serão partes da história, da identidade de um ser humano. Assim como estas crianças, outras estiveram em abrigos antes de serem adotadas e também outras estão vivendo ainda em abrigos (sem previsão de saída). É importante que se perceba que as crianças vivem nele por um tempo das suas vidas, e um período que, muitas vezes, representa uma vida.

Serrano (2008), em seu estudo sobre o abrigamento de crianças em Ribeirão Preto, observou que as instituições são atravessadas por mudanças políticas e contextuais, trazendo várias (des)continuidades no cuidado provido e diferenças nas formas de (não)fazer o registro das informações sobre as crianças e suas famílias. A autora constatou muitas omissões significativas de dados que lhe indicaram um processo de "silenciamento". É interessante notar que também observamos um processo de silenciamento relacionado ao passado da criança, o que será mais bem discutido no próximo tópico.

Por outro lado, enquanto Billy procurou silenciar o passado, as meninas nos contaram sobre sua família biológica, evidenciando que sua história de vida começou bem antes da entrada no abrigo. Desse modo, elas nos alertaram para a seriedade com que as famílias biológicas devem ser consideradas, colocando-as em relevo para descrever o começo de uma trajetória de circulação em diferentes contextos, o que pode representar uma necessidade de apoio por parte da família biológica. As meninas falaram de um abandono que pode ter sido causado por motivos de pobreza.

O trabalho de Mariano (2004) apontou-nos que os motivos para abrigamento são semelhantes aos da entrega para adoção: a falta ou a precariedade de moradia, trabalho, alimentação, retaguarda familiar ou de terceiros para cuidar da criança. No entanto, segundo o ECA, a pobreza material não justificaria a destituição do poder familiar.

O ECA (1990), em seu artigo 101, determina a aplicação das medidas de proteção, quando alguma criança ou adolescente sofrer violação de seus direitos. Estabelece medidas protetivas que incluem não somente a criança, mas a sua família (orientação, apoio e acompanhamento temporários, inclusão em programas comunitários de auxílio à família, tratamentos, entre outros). A destituição do poder familiar deve ocorrer quando os pais não desempenham as funções parentais adequadamente colocando a criança em situação de risco psicossocial, como por exemplo: abuso sexual, violência, presença de entorpecentes no ambiente familiar.

É interessante perceber que Yasmim e Júlia narraram sobre seu processo de adoção articulando de maneira *complementar* os três contextos que compõem o processo de adoção tardia: a família biológica, o abrigo e a família adotiva. Cada uma narrou, ressaltando significados que lhe eram peculiares, porém ambas nos apontaram a possibilidade de falar sobre o passado e de re-constituir sua história de vida. Além disso, não só se referiram à família biológica, especificamente à mãe, mas narraram sobre ela de maneira afetiva e cuidadosa. Dessa forma, Júlia e Yasmim nos mostraram que, embora tenham sido abandonadas pela mãe, consideram-na uma parte importante da sua história, a origem, o começo de suas vidas. E poder se apoiar numa história de origem (mesmo que construída em interação com outras pessoas ao longo da vida) pode facilitar o processo de construção de identidade da criança.

A construção de identidade é um processo universal que começa no nascimento e continua ao longo de toda vida de qualquer pessoa. O esforço para a compreensão do si mesmo é uma característica fundante do ser humano. Segundo Brodzinsky, Schechter & Henig (1993), as pessoas que foram adotadas vivenciam essa busca pela identidade de um jeito muito característico e único, o que pode ser explicado pelo fato de que a adoção separa as pessoas de uma parte delas, sua origem.

Assim, proporcionar momentos para que a pessoa adotada possa falar sobre sua história, ao longo de toda a vida, parece ser uma maneira favorável de ajudá-la no seu processo de construção de identidade. Construir narrativas sobre a sua origem é importante nesse processo. Nesse sentido, o processo de revelação passa a ser compreendido não como um evento único, mas como um processo a ser explorado ao longo da vida. Isto responde a célebre pergunta dos pais adotivos: "Quando devo contar?". Não se trata de um único momento, e não se trata de "contar", mas sim de *conversar sobre sua história de vida*, sempre levando-se em consideração a capacidade de compreensão dos diferentes momentos do desenvolvimento da criança.

Quando estive na Espanha, conhecendo o Sistema de Proteção à Infância de Sevilha, tive a oportunidade de assistir a grupos de formação para a adoção. Esse programa de formação foi desenvolvido pelo Professor Jesús Palacios e seu grupo de pesquisadores, visando à preparação das pessoas que se registravam para adotar. Atualmente, esse é um serviço realizado por uma entidade privada, dissociada totalmente do serviço estatal de avaliação psicossocial dos interessados em adotar (Asociación Llar).

Dentre as questões que são enfatizadas para os adotantes, é a necessidade de se valorizar a *história de* adoção, porém, começando a contar a história desde antes da adoção. O argumento usado é que a criança precisa ter uma imagem completa de sua vida e que sua vida começou antes da adoção. Além disso, incentivava-se também a construção com a criança de um Livro de Vida, uma espécie de álbum de fotografias e desenhos com comentários reflexivos sobre a decisão de adotar, colocando em relevo a escolha da criança (por exemplo, "eu fui buscar você..."). As fotografias deveriam mostrar os pais adotantes em sua casa esperando pela criança, a criança no abrigo, a chegada na família etc. Este era um procedimento sugerido tanto para adoções de bebês como para adoções tardias, inclusive sendo uma prática também utilizada nos centros de acolhimento (abrigos) e nos programas de famílias acolhedoras, por meio da qual procura-se registrar todos os contextos pelos quais as crianças passam, para que isto as ajude a compreender seu passado e presente.

Quanto às adoções tardias, Palácios et al. (2004) enfatiza que estas crianças trazem lembranças de seus primeiros anos de vida, em outros contextos e por isso, é ainda mais necessário retomar a história, as dúvidas, medos e ajudá-las a elaborar o passado. Seu passado é parte importante de si mesmos e, por isso, deve-se aprender a respeitá-lo e referir-se a ele de maneira sensível aos sentimentos que possam acompanhá-lo.

Essa ênfase dada à necessidade de se retomar o passado da criança, nos remete ao processo de silenciamento que observamos nas narrativas de Billy. Como vimos, ele claramente evitou falar do período anterior ao abrigo, de sua primeira família adotiva e de sua família biológica, embora tenha narrado sobre isso através de diferentes maneiras. Porém, se observarmos como se dão as práticas no campo da adoção, veremos que esse processo de silenciamento está presente o tempo todo e, não somente, nas narrativas de Billy.

O processo de silenciamento circunscrevendo as práticas relacionadas à adoção

Mariano (2004) desenvolveu um estudo sóciodemográfico em que analisou 110 autos processuais de adoção da Vara da Infância e Juventude do Fórum de Ribeirão Preto, ocorridos entre 1991 e 2000. Uma das constatações desse trabalho foi a existência de muitas informações detalhadas das famílias adotivas em contraposição à escassez e precariedade das informações sobre os pais biológicos. Essa maneira de lidar com as informações da família biológica também é uma forma de silenciar o passado da criança.

As narrativas das crianças também nos sugeriram que existe pouco espaço para a criança conversar sobre seu processo de adoção, tanto no abrigo quanto na família adotiva. O mesmo ocorre na literatura especializada sobre adoção, pouco se considera a voz da criança adotada. Essa situação nos remete às concepções histórico-culturais que estão presentes em nossa sociedade.

A concepção de adoção de crianças e adolescentes na nossa cultura é marcada por uma forte influência dos estudos psicológicos do século XX que nos deixaram a convicção de que os indivíduos têm traços de personalidade e que esses traços derivam das primeiras experiências de vida, principalmente das relações estabelecidas entre mãe e filho, determinando todas relações posteriores da pessoa (Silva, 2002; Lewis, 1999). Assim, no campo da adoção, essas convicções se exacerbam diante de histórias de abandono, de violência, de rupturas, de negligência no início da vida das crianças.

Por isso, ainda hoje persiste a visão de que a criança precisa de uma família para se desenvolver adequadamente e, de preferência, desde o início da vida, ficando as crianças abrigadas mais velhas pré-destinadas à psicopatologia. A família tem sido considerada como a única opção (a melhor, a mais saudável) para que a criança possa se desenvolver adequadamente. Qualquer circunstância que escape à situação familiar convencional (p.e. instituições de abrigo) é, em geral, vista como prejudicial. As crianças adotadas tardiamente são consideradas como tendo tido experiências familiares e institucionais muito negativas e, por isso, estão prejudicadas pelo seu passado, que deve ser esquecido na expectativa de "zerar" o cronômetro da vida.

Essas concepções determinam como os estudos sobre adoção estão sendo desenvolvidos no campo da Psicologia (colocando o foco das pesquisas em problemas) e, por sua vez, influenciam a maneira de administrar a instituição abrigo (como um lugar de passagem e não como um contexto de desenvolvimento onde é possível a construção de relações afetivas) e a maneira de considerar a família adotiva (como uma solução perfeita, a "salvação" da criança que, uma vez adotada, seu "problema" está resolvido). Quando o que importa são as vivências de vínculos afetivos e, não necessariamente, a vivência numa família. Essas concepções estão circunscrevendo as práticas sociais relativas à proteção da criança.

No entanto, essas concepções não levam em conta os aspectos sócio-históricos, a cultura e as peculiaridades de cada pessoa e, portanto, não contemplam a multiplicidade de possibilidades de desenvolvimento humano. Oliveira, Rego & Aquino (no prelo) afirmam que essa perspectiva clássica da psicologia: "parece não admitir que os processos de desenvolvimento psicológico comportam uma duplicidade essencial: os acontecimentos e o que se pode significar deles" (p.12).

As narrativas não só das crianças, mas também dos pais, revelaram o lugar de destaque ocupado por essas concepções de família e de criança. A narrativa de Júlia, por exemplo, enfatizou o desejo por uma família com grande veemência:

> O importante é que eu quero ter uma família de verdade. Isso é importante, que a gente queira ter um pai e uma mãe. Isso pra mim que é importante (Júlia - Entrevista 4, Linhas: 437 e 438)

As narrativas do pai de Billy por exemplo, demonstraram a forte influência das teorias psicológicas nos discursos que circulam na nossa sociedade:

> Eu sempre achei que a criança novinha pega um grau de amor pelos pais (...) o que aconteceu com uma criança fica gravado lá no passado dela... e nós sofremos esses traumas até hoje. (...) Imagino que seja um caso problemático... (Entrevista com Rochester, pai de Billy, linhas 50 a 102).

Assim, o processo de silenciamento do passado é um dos aspectos da matriz sócio-histórica que estão impregnando e circunscrevendo os processos de adoção, cuja materialidade mais visível se encontra na prática do registro de filiação da criança adotada. O próprio ECA (Estatuto da Criança e do Adolescente, Lei Federal 8.069/90) defende a necessidade de uma nova certidão de nascimento, onde se omite por completo o passado, apagando qualquer referência aos progenitores.

O artigo 47 estabelece:
§ 2º. "o mandato judicial, que será arquivado, cancelará o registro original do adotado".

§ 3º. "nenhuma observação sobre a origem do ato poderá constar nas certidões do registro".

Assim, a lei obriga o passado a "desaparecer", apesar de representar a origem da criança. A matriz sócio-histórica representa uma forma de interpretar os contextos sociais, culturais, econômicos, políticos que são historicamente construídos e estão em contínua construção. Assim, pode ser imaginada como composta por duas partes que se inter-relacionam dialeticamente: 1) *Condições socioeconômicas e políticas* que representam as condições concretas de vida de uma comunidade; 2) *Práticas discursivas* que possibilitam as significações e têm materialidade na pintura, na música, no ritual, na palavra ou no comportamento humano e têm um caráter semiótico (Amorim & Rossetti-Ferreira, 2004).

A música *Ratuna Matata*, o filme *Rei Leão* e a história do *Patinho Feio* são exemplos de discursos que estão circulando na nossa sociedade e que colocam em relevo a questão do passado. Ao narrarem sobre sua história de adoção, as crianças se utilizaram desses discursos para se posicionar, justamente num contexto em que as concepções de família e criança preconizam o esquecimento do passado. Assim, os discursos estão sendo constituídos pela sociedade e constituindo as idéias que circulam no mundo da criança.

Costa (2005) também apontou a matriz socioistórica circunscrevendo a construção de sentidos relacionados à maternidade e à paternidade em uma família adotiva. A autora descreveu o processo de um casal em tornar-se pai e mãe por meio de uma adoção tardia impregnado por diferentes vozes, como o discurso da medicina, da psicologia, do direito, da igualdade de direitos da mulher e o discurso religioso. Ela ainda enfatizou a falta de conhecimento sobre o passado das crianças como um dos fatores complicadores no processo de adaptação e, ao mesmo tempo, a pouca disponibilidade para ouvir o que as crianças contam sobre seu passado também se torna um complicador. Para a autora, *"parece haver um forte desejo de todos os envolvidos em um processo de adoção (pais adotivos, técnicos do judiciário, do abrigo) de que o passado da criança seja esquecido"* (p.182).

Assim, ao mesmo tempo em que se evidenciou a necessidade de valorizar a história de vida, também se evidenciou um processo de silenciamento do passado dessas crianças, circunscrevendo as práticas associadas ao processo de adoção. Dessa forma, essa ambigüidade presente no processo de adoção tardia nos sugere a necessidade de um programa de acompanhamento familiar pré e pós-adoção.

Apresentaremos a seguir uma figura que construímos especificamente para ilustrar a Matriz Socioistórica impregnando e circunscrevendo o processo de adoção tardia, em que os contextos são interligados e a criança se constitui e é constituída em relação com todos eles.

ABRIGO

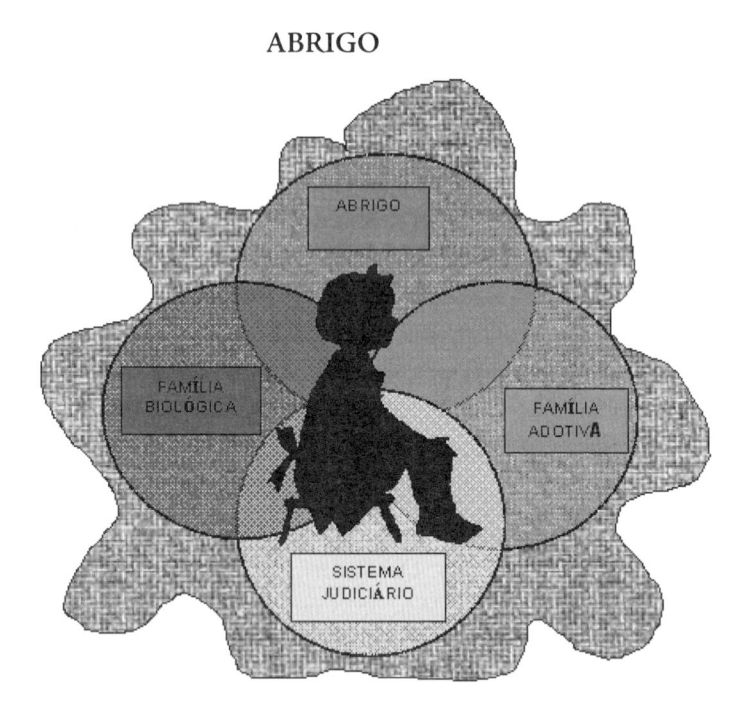

FIGURA 1- A Matriz Sócio-Histórica circunscrevendo o processo de adoção tardia.

A necessidade de um programa de acompanhamento pré e pós-adoção

A adoção é uma das medidas que visam a proteção da criança. Porém, uma vez colocada a criança em família adotante, não se pode assumir que esta seja a solução para a vida daquela criança e deixar de acompanhá-la. As narrativas das crianças nos apontaram que a construção das relações familiares não se dá de forma instantânea. Esta construção vai se dar pouco a pouco, a depender das redes de significações que se estabelecem em cada família e das circunstâncias que vivenciam em cada momento.

As crianças dessa pesquisa nos alertaram, por exemplo, sobre a importância do registro definitivo da adoção e a insegurança que pode surgir se o registro demora a chegar, inclusive permeando as relações familiares. Elas enfatizaram o sobrenome da família adotante como um significado de pertencimento à família. Por outro lado, os pais adotantes também demonstraram ter necessidade de falar sobre seu processo de se tornar pai/mãe através de uma adoção tardia, inclusive pelo fato de que a criança se posiciona no processo interativo de modo mais ativo que um bebê, aceitando, negando e negociando posições que lhe são atribuídas (Costa, 2005). Assim, um programa de acompanhamento pré e pós-adoção poderia visar as conversas sobre adoção com as crianças, com os pais e, sobretudo, o processo de comunicação intra-familiar, no sentido de estimular um diálogo familiar aberto, honesto e harmonioso.

Palácios, Sánchez-Sandoval & Leon (2004) afirmam que no processo de comunicação sobre a adoção estão presentes duas tarefas: a dos pais adotivos é conversar sobre a adoção e a dos filhos é compreender o que significa. Estas duas tarefas nem sempre caminham juntas no tempo, pois os filhos vão interpretando a informação segundo suas próprias capacidades de compreensão. Cabe aqui uma observação: nota-se que os autores usam o termo "filho" e isto é proposital, para eles é importante evidenciar que a adoção foi a forma como as crianças entraram para a família (por adoção), porém, a partir daí, são *filhos* como quaisquer outros.

Considerando então a capacidade de compreensão da criança, os mesmos autores sugerem que até os cinco ou seis anos, as crianças não compreendem realmente o significado da adoção. É a partir dos seis ou sete anos que começam a aparecer as primeiras confusões, quando a criança aprende a diferenciar filho adotado e filho biológico. Esta compreensão favorece o surgimento do "sentimento de perda" (para a adoção acontecer, foi preciso que houvesse a separação da mãe biológica) que pode vir acompanhado por perguntas sobre a família biológica e as razões que a levaram à separação. Assim, começa a surgir o medo de que a família atual também poderá abandonar em algum momento.

A devolução é um tema que, embora não tenha sido diretamente investigado, foi destacado pelas próprias crianças. Billy, Yasmim e Júlia revelaram o medo de serem devolvidos ao abrigo. Embora cada criança tenha levantado o tema com suas significações, todos evidenciaram o desejo de não voltar ao abrigo, a posição de impotência frente às decisões dos adultos e a vulnerabilidade diante do processo de adoção. O medo da devolução se mostrou permeando as relações estabelecidas entre as crianças e os pais. Nessa rede de significações, o desempenho escolar se destacou como sendo um fator de tensão, uma forma de potencialização da necessidade de corresponder às expectativas dos pais adotantes para não ser devolvido.

Nesta faixa etária em que as crianças desta pesquisa se encontram, o desempenho escolar representa o início de um longo percurso escolar (primeira série). É o começo da escolarização regular, as crianças estão se adaptando ao novo contexto e às novas exigências e os pais, por sua vez, também se encontram num momento de adaptação com as novas rotinas escolares, quando os filhos começam a fazer tarefas e aprendem a ser mais independentes. Nesse momento, os pais podem interpretar o desempenho escolar como uma conseqüência e avaliação do seu papel de educador e protetor. Daí o acúmulo de expectativas, ansiedades e frustrações, já que para essas crianças e suas famílias atuais, o momento de adaptação é duplo: adaptação à adoção e adaptação à primeira série.

Contudo, cabe mencionar que um dos aspectos freqüentemente pesquisados em adoção é a questão do desempenho escolar da criança adotada. Nos estudos que compararam crianças adotadas e crianças não-adotadas, ou crianças adotadas quando bebês e aquelas adotadas tardiamente, os indicadores cognitivos foram representados em geral pelo desempenho escolar das crianças (Johnson, 2002). Dessa forma, o desempenho escolar é considerado como um produto (resultado da adoção) e o processo da adoção é negligenciado. A tendência desse tipo de estudo é encontrar conclusões generalizadas que acabam constituindo a realidade, construindo discursos sociais que colocam na criança adotada um estigma de que terá dificuldades escolares.

Billy, Yasmim e Júlia narraram sobre seu esforço para corresponder ao que lhe é esperado pelos pais. Essa necessidade de satisfazer o que o outro deseja de nós pode contribuir para a manifestação de sentimentos de incompetência e de culpabilidade. O que vem a fortalecer ainda mais o medo de devolução.

Segundo Palácios, Sánchez-Sandoval & Leon (2004):

> A família deve ser capaz de criar um clima fundamentado no amor e na confiança, um clima que permita aos filhos sentirem-se totalmente seguros de que esta é sua família para sempre. Ao mesmo tempo, os pais têm que estar convencidos de seu papel de pais, protetores, cuidadores, educadores e transmitir a seus filhos a idéia de que se preocupam com sua aprendizagem e desenvolvimento (p.80).

A fim de ilustrar a necessidade do acompanhamento pré e pós-adoção, retomaremos a história de adoção de Billy, em que houve uma experiência concreta de devolução. O primeiro casal que o "adotou" (guarda provisória) tinha uma história de infertilidade de apenas quatro anos. Além disso, eles fizeram a opção no cadastro para bebês de **até um ano** de idade. Assim mesmo, "adotaram" Billy que tinha já **três anos** e havia sido recentemente colocado no abrigo (um mês). Na mesma época, o casal constatou a gravidez. O acompanhamento do estágio de convivência foi feito em dois momentos: após dois meses da colocação e depois de oito meses, caracterizando-se por entrevistas no setor psicossocial do Fórum. Após um ano e meio de convivência com a família adotante, Billy foi devolvido ao abrigo (já com **cinco anos**). A atual família adotiva, por sua vez, relatou que havia feito a opção no cadastro por uma **menina de até três anos**, porém, foi lhes "oferecido" um **menino de seis anos**. Assim, Billy foi "adotado" pela segunda vez. Penso que a história de adoção de Billy está circunscrevendo a maneira como ele se posiciona na família atual *("não vou ficar")* como foi discutido no capítulo 3.

Nessa história de adoção de Billy, evidenciaram-se colocações que não correspondiam ao perfil escolhido pelos requerentes no momento do cadastro, o que nos remete à questão da incompatibilidade entre o perfil da criança desejada e o perfil das crianças elegíveis para adoção. Penso que essas colocações aconteceram com a intenção de retirar a criança do abrigo, porque se acredita em que uma família é a melhor opção para a criança, mesmo que seja correndo riscos... (vozes das concepções histórico-culturais). Assim, aqui aparece a materialidade de um dos aspectos da matriz socioistórica que estão circunscrevendo esses processos de adoção. Essa situação também pode estar refletindo um embate entre visões distintas sobre a adoção: uma família para uma criança ou uma criança para uma família? Os pais adotantes talvez estejam buscando uma criança para suprir seus desejos e motivações. Já os profissionais estão buscando uma família que possa acolher uma criança.

Num programa especificamente desenvolvido para o acompanhamento pré-adoção (como o programa desenvolvido na Espanha), as motivações, as expectativas, os temores e as sensibilidades dos requerentes podem ser cautelosamente trabalhados, antes de se efetivar a colocação da criança. Podendo, inclusive, facilitar um processo de auto-seleção, em que os próprios requerentes decidem ao final do programa, se continuam motivados a adotar uma criança ou não.

As questões discutidas neste trabalho indicam, entre muitas necessidades, um programa de acompanhamento pré e pós-adoção, que abarque a família como um todo. Contudo, é preciso estar atento para que este tipo de trabalho não venha a criar uma "psicopatologia da adoção". Não se trata de uma indicação de psicoterapia para todas as famílias e crianças adotadas. O interessante seria criar um espaço de reflexão sobre questões de família, educação e relacionamento, em que, tanto a criança quanto seus pais, ocupariam um lugar com direito à voz e que suas histórias de vida fossem respeitadas e valorizadas, assim como as expectativas mútuas pudessem ser discutidas em diferentes momentos.

O Sistema Judiciário poderia separar as funções de avaliação e fiscalização que compõem o processo de adoção e criar práticas independentes com funções de acompanhamento e apoio às crianças e famílias. O programa de acompanhamento pré e pós-adoção poderia ser uma dessas práticas independentes.

Contudo, a abrangência do Sistema Judiciário sobre o processo de adoção poderia ser ampliada com o apoio de outros serviços oferecidos por entidades governamentais (secretarias municipais, escolas, creches, postos de saúde) e também por entidades não-governamentais como, por exemplo, grupos de apoio à adoção. O Sistema Judiciário tem atuado como mediador das questões envolvidas à proteção da criança, porém a sociedade como um todo deve estar envolvida na solução dessas questões.

Encerrar as discussões que este trabalho gerou é uma tarefa difícil. A cada releitura surgem novas possibilidades, novos desafios, afinal, este é um campo fecundo, mas ainda carente de estudos.

Espero, inclusive, que fiquem para o leitor deste livro, dúvidas, questões éticas, metodológicas e, sobretudo, humanitárias. Assim, fica também a possibilidade de que este estudo possa vir a ser o desencadeador de novas pesquisas e novas práticas.

REFERÊNCIAS BIBLIOGRÁFICAS

AMORIM, K. S. *Concretização de discursos e práticas histórico-sociais, em situações de freqüência de bebês a creche.* Tese (Doutorado) – Faculdade de Medicina, Universidade de São Paulo, Ribeirão Preto, 2002.

AMORIM, K. S.; ROSSETTI-FERREIRA, M. C. A matriz sócio-histórica. In: ROSSETTI-FERREIRA, M. C., AMORIM, K.; SILVA, A. P. S.; CARVALHO, A. M. A.(orgs.) *Rede de significações e o estudo do desenvolvimento humano.* Porto Alegre: Artmed, 2004.

ARIÈS, P. *História social da criança e da família.* Rio de Janeiro: LTC, 1981.

BORBA, F. S. (Org.) *Dicionário UNESP do português contemporâneo.* São Paulo: UNESP, 2004.

BOURDIEU, P. O Espírito de Família. In: BOURDIEU, P. *Razões práticas sobre a teoria da ação.* Campinas: Papirus, 1996.

BOWLBY, J. *Apego.* São Paulo: Martins Fontes, 1984.

BRASIL. *Estatuto da Criança e do Adolescente*, lei n° 8.069/90, 13 de julho de 1990. São Paulo: CBIA - SP, 1991.

BRASIL. *Plano Nacional de Promoção, Defesa e Garantia do Direito de Crianças e Adolescentes à Convivência Familiar e Comunitária.* Secretaria Especial do Ministério do Desenvolvimento Social, 2006.

BRODZINSKY, D. M. Reconceptualizing openness in adoption: implications for theory, research, and practice. In: BRODZINSKY, D.M. AND PALACIOS, J. (Eds.). *Psychological issues in adoption: research and practice.* Praeger, Westport, CT: Greenwood, 2005.

BRODZINSKY, D. M.; SINGER, L. M.; BRAFF, A. M. Children's understanding of adoption. *Child Development*, 55: 869-878, 1984.

BRODZINSKY, D. M.; SCHECHTER, M. D.; HENIG, R. M. *Being adopted: the lifelong search for self.* New York: Anchor Books, 1992.

BRODZINSKY, D. M.; SMITH, D. W.; BRODZINSKY, A. B. *Children's adjustment to adoption: developmental and clinical issues*. Thousand Oaks: Sage Publications, 1998.

BRUNER, J. *Atos de significação*. Porto Alegre: Artes Médicas, 1997.

CARVALHO, A. M. A., BERALDO, K. E. A., PEDROSA, M. I. e COELHO, M. T. O uso de entrevistas em estudos com crianças. *Psicologia em Estudo*, 9 (2), 291-200, 2004.

CASSIN, W. *O psicólogo judiciário e a cultura da adoção: limites, contradições e perspectivas*. Dissertação de Mestrado. Ribeirão Preto, SP: Faculdade de Filosofia, Ciências e Letras USP, 2000.

CASTRO, L. R. (org.) *Subjetividade e cidadania: um estudo com crianças e jovens em três cidades brasileiras*. Rio de Janeiro: 7Letras, 2001.

CHRISTENSEN, P., JAMES, A. *Research with children -perspectives and practices*. London and New York: Falmer Press, 2000.

CHRISTIANSEN, I. Is blood thicker than water? A discussion of how the rootmetaphor 'blood is thicker than water' is expressed in Danish adoptive kinship. *Conference/Workshop on International Adoption*, "Where, how and to whom adopted children 'belong'" (patrocinada pela Fundação MCarthur), Hampshire College, Amherst, 11-13 maio, 2001.

CORSARO, W. *The sociology of childhood*. California: Pine Forge, 1997.

_____. *We're friends, right?: inside kids' cultures*. Washington DC: Joseph Henry Press, 2003.

COSTA, J. F. *Ordem médica e norma familiar*. Rio de Janeiro: Graal, 1983.

COSTA, N. R. A. *Construção de sentidos relacionados à maternidade e à paternidade em uma família adotiva*. 207p. Tese (Doutorado em Ciências, área de Psicologia) – Faculdade de Filosofia, Ciências e Letras de Ribeirão Preto, Universidade de São Paulo, Ribeirão Preto, 2005.

Referências Bibliográficas

DELFOS, M. F. *Me escuchas? Cómo conversar con niños de cuatro a doce años.* Bernard van Leer Foundation, 2001.

DELGADO, A.C.C.; MÜLLER, F. Em busca de metodologias investigativas com as crianças e suas culturas. *Cadernos de Pesquisa da Fundação Carlos Chagas*, São Paulo: v. 35, n. 125, p. 161-179, 2005.

DEMARTINI, Z. B. F. Infância, Pesquisa e Relatos Orais. In: FARIA, A. L. G., DEMARTINI, Z. B. F., PRADO, P. D. (orgs.) *Por uma cultura da Infância: metodologias de pesquisa com crianças.* Campinas, SP: Autores-Associados, 2002.

DI LORETO, O. D. M. Da adoção [e dos erros do pensar] ou dos erros do pensar [e da adoção]. *Psicologia em Estudo*, n. 2, v. 2, p.1-33, 1997.

DOCHERTY, S., SANDELOWSKI, M. Focus on Qualitative Methods: interviewing children. *Research in Nursing & Health*, 22: 177-185, 1999.

DOLTO, F. *Dialogando sobre crianças e adolescentes.* Campinas: Papirus, 1989.

DUNN, J. *The beginnings of social understanding.* Cambridge, Mass.: Harvard University Press, 1988.

DURHAM, E. R. Família e reprodução humana. In: DURHAM, E.R. et al. *Perspectivas antropológicas da mulher 3.* Rio de Janeiro: Zahar, 1983.

ELTINK, C. F. *"Escolhas" na adoção: o processo de acolhimento da criança na família adotiva.* Tese (Doutorado em Ciências, área de Psicologia) – Faculdade de Filosofia, Ciências e Letras de Ribeirão Preto, Universidade de São Paulo, Ribeirão Preto, 2006.

FARIA, A. L. G., DEMARTINI, Z. B. F., PRADO, P. D. (orgs.) *Por uma cultura da infância: metodologias de pesquisa com crianças.* Campinas, SP: Autores-Associados, 2002.

FONSECA, C. Aliados e rivais na família. *Revista Brasileira de Ciências Sociais*, p. 88-102, n. 4, jun. 1987.

_____. *Caminhos da adoção.* 2.ed – São Paulo: Cortez, 2002.

FRANCO, C. O desenvolvimento do método clínico e suas relações com as modificações na tradição de pesquisa piagetiana. In: BANKS-LEITE, L. (Org.) *Percursos Piagetianos.* São Paulo: Cortez, 1997.

FREIRE, F. *Abandono e adoção. Contribuições para uma cultura da adoção III.* Curitiba: Terra dos Homens: Vicentina, 2001. 349p.

GARBARINO, J.; STOTT, F. M.; & Faculty of the Erikson Institute. *What children can tell us: eliciting, interpreting, and evaluating critical information from children.* San Francisco: Jossey-Bass Publishers, 1992.

GROVER, S. Why won't they listen to us? On giving power and voice to children participating in social research. *Childhood,* 11 (1): 81-93, 2004.

JOHNSON, D. E. Adoption and the effect on children's development. *Early Human Development,* 68 (1): 39-54, 2002.

LEON, I. G. Adoption losses: naturally occurring or socially constructed? *Child Development,* 73 (2): 652-663, 2002.

LÉVI-STRAUSS, C. A família. In: SHAPIRO H. L. (org.) *Homem cultura e sociedade.* Rio de Janeiro: Fundo de Cultura, 1966.

LEWIS, M. *Alterando o destino: por que o passado não prediz o futuro.* São Paulo: Moderna, 1999.

LOPES DE OLIVEIRA, M. C. S.; VIEIRA, A. O. M. Narrativas sobre a privação de liberdade e o desenvolvimento do *self* adolescente. *Revista Educação e Pesquisa,* 32 (1), 2006.

MALDONADO, M. T. *Os caminhos do coração. Pais e filhos adotivos.* 3.ed. São Paulo: Saraiva, 1997.

MAYALL, B. Conversations with children. In: CHRISTENSEN, P., JAMES, A. *Research with children-perspectives and practices.* London and New York: Falmer Press, 2000.

MARCILIO, M. L. A roda dos expostos e a criança abandonada na História do Brasil. In: FREITAS, M. C. (org.) *História social da infância no Brasil.* São Paulo: Cortez, 1997.

MARIANO, F. N. *O cenário jurídico: a análise de processos de adoção no município de Ribeirão Preto (1991-2000)*. 195f. Dissertação (Mestrado) – Faculdade de Filosofia, Ciências e Letras de Ribeirão Preto, Universidade de São Paulo, Ribeirão Preto, 2004.

MARTINEZ, A. L. M. *Adolescentes no momento de saída do abrigo: construindo sentidos sobre si mesmos*. Pro-forma de Dissertação de Mestrado – Departamento de Psicologia e Educação, Universidade de São Paulo, Ribeirão Preto, 2006.

MINGORANCE, R. C. *A construção das relações afetivas durante a inserção do bebê na família adotiva*. 237f. Tese (Doutorado em Ciências, área de Psicologia) – Faculdade de Filosofia, Ciências e Letras de Ribeirão Preto, Universidade de São Paulo, Ribeirão Preto, 2006.

NELSON, K. Narrative, time and the emergence of the encultured self. *Culture & Psychology*, Vol. 6(2): 183-196, 2000.

OLIVEIRA, M. K.; REGO, T. C.; AQUINO, J. G. Desenvolvimento psicológico e constituição de subjetividades: ciclos de vida, narrativas autobiográficas e tensões da contemporaneidade. *Revista Proposições*, UNICAMP (prelo).

OLIVEIRA, Z. M. R. *Jogo de papéis: uma perspectiva para análise do desenvolvimento humano*. Dissertação de doutorado não-publicada. Universidade de São Paulo, São Paulo, SP, 1988.

ORLANDI, E. *As formas do silêncio: no movimento dos sentidos*. Campinas: Editora da UNICAMP, 1992.

PALACIOS, J.; BRODZINSKY, D. M. Recent Changes and Future Directions for Adoption Research. In: BRODZINSKY, D. M. AND PALACIOS, J. (Eds.). *Psychological Issues in Adoption: Research and Practice*. Praeger, Westport, CT: Greenwood, 2005.

PALACIOS, J.; SÁNCHEZ-SANDOVAL, Y. Beyond adopted/non-adopted comparisons. In: BRODZINSKY, D. M. AND PALACIOS, J. (Eds.). *Psychological issues in adoption: research and practice*. Praeger, Westport, CT: Greenwood, 2005.

PALACIOS, J.; SÁNCHEZ-SANDOVAL, Y.; LEÓN, E. (Universidad de Sevilla) *Adelante con la adopción*. Junta de Andalucia, Consejería para la Igualdad y Bienestar Social, 2004.

PETERS, B. R., ATKINS, M. S., MCKAY, M. M. Adopted children's behavior problems: a review of five explanatory models. *Clinical Psychology Review*, 19 (3): 297-328, 1999.

PUNCH, S. Research with Children: the same or different from research with adults? *Childhood*, 9 (3): 321-341, 2002.

REPPOLD, C.T.; HUTZ, C. S. Adoção: fatores de risco e proteção a adaptação psicológica. In: HUTZ, C. S. (Org.) *Situações de risco e vulnerabilidade na infância e na adolescência: aspectos teóricos e estratégias de intervenção*. Casa do Psicólogo, 2002.

ROBERTS, H. Listening to children: and hearing them. In: CHRISTENSEN, P.; JAMES, A. *Research with children – perspectives and practices*. London and New York: Falmer Press, 2000.

ROSSETTI-FERREIRA, M. C. Olhando a pessoa e seus outros, de perto e de longe, no antes, aqui e depois. In: BANKS, L. L.; COLINAVAU, D.; DALBOSCO, D.; MACEDO, L. (Org.). *Psicologia e desenvolvimento: teorias e pesquisas*. Itatiba: Casa do Psicólogo, 2006. P. 19-59.

ROSSETTI-FERREIRA, M. C. Seguindo a receita do poeta tecemos a *Rede de Significações* e este livro. In: ROSSETTI-FERREIRA, M. C., AMORIM, K.; SILVA, A. P. S.; CARVALHO, A. M. A.(orgs.) *Rede de significações e o estudo do desenvolvimento humano*. Porto Alegre: Artmed Editora S.A., 2004.

ROSSETTI-FERREIRA, M.C., AMORIM, K., SILVA, A.P.S. Uma perspectiva teórico-metodológica para análise do desenvolvimento humano e do processo de investigação. *Psicologia: Reflexão e Crítica*, 13 (2): 281-293, 2000.

ROSSETTI-FERREIRA, M.C., AMORIM, K. & SILVA, A.P.S. Rede de significações: alguns conceitos básicos. In: ROSSETTI-

FERREIRA, M.C., AMORIM, K.; SILVA, A.P.S.; CARVALHO, A.M.A.(orgs.) *Rede de significações e o estudo do desenvolvimento humano*. Porto Alegre: Artmed Editora S.A., 2004.

ROSSETTI-FERREIRA, M. C., AMORIM, K.; SILVA, A. P. S.; CARVALHO, A. M. A.(orgs.) *Rede de significações e o estudo do desenvolvimento humano*. Porto Alegre: Artmed Editora S.A., 2004.

RUTTER, M. Pathways from childhood to adult life. *Journal of Child Psychology and Psychiatry*, 30(1), 23-51, 1989.

SERRANO, S.A. *O abrigamento de crianças de 0-6 anos de idade em Ribeirão Preto: caracterizando esse contexto*. Tese (Doutorado em Ciências, área Psicologia)-Faculdade de Filosofia, Ciências e Letras de Ribeirão Preto, Universidade de São Paulo, Ribeirão Preto, 2008.

SILVA, A.P.S. Continuidade/descontinuidade no envolvimento com o crime: uma discussão crítica da literatura na psicologia do desenvolvimento. *Psicologia: Reflexão e Crítica*. vol.15, no. 3, Porto Alegre, 2002.

_____ *Continuidades e descontinuidades de si na narrativa de homens que tiveram envolvimento com o crime*. 185f. Tese (Doutorado em Ciências, área Psicologia) – Faculdade de Filosofia, Ciências e Letras de Ribeirão Preto, Universidade de São Paulo, Ribeirão Preto, 2003.

SILVA, E. R. A. (Coord.) *O direito à convivência familiar e comunitária: os abrigos para crianças e adolescentes no Brasil*. Brasília: IPEA/CONANDA, 2004.

SOUZA, S. J. (Org.) *Subjetividade em questão: a infância como crítica da cultura*. Rio de Janeiro: 7Letras, 2005.

SPINK, M. J.; LIMA, H. Rigor e visibilidade: a explicitação dos passos da interpretação. In: SPINK, M. J. (Org.). *Práticas discursivas e produção de sentidos no cotidiano: aproximações teórico e metodológicas*. São Paulo: Cortez, 1999. p.93-122.

VARGAS, M. M.; WEBER, L. N. D. Um estudo das publicações científicas internacionais sobre adoção. In: Reunião Anual de Psicologia,

Ribeirão Preto, 1996. *Resumos de comunicações científicas da XXVI Reunião Anual de Psicologia.* Ribeirão Preto: Sociedade Brasileira de Psicologia, 1996.

VARGAS, M. M. *Adoção tardia: da família sonhada à família possível.* São Paulo: Casa do Psicólogo, 1998.

WALLON, H. *As origens do pensamento na criança.* São Paulo: Manole, 1989.

WEBER, L. N. D. Da institucionalização à adoção: um caminho possível? *Revista Igualdade.* p. 1-9, n. 9, dez. 1995.

_____ *Laços de ternura: pesquisas e histórias de adoção.* Curitiba: Santa Mônica, 1998.

_____ *Pais e filhos por adoção no Brasil.* 1ª.Ed., 3ª.tir. Curitiba: Juruá, 2003.